MANUEL

DU

PÈLERINAGE LORRAIN

A NOTRE-DAME DE LOURDES

6ᴹᴱ ÉDITION

PRIX : 75 CENTIMES

ST-DIÉ — IMPRIMERIE L. HUMBERT

MANUEL

DU

PÉLERINAGE LORRAIN

A NOTRE-DAME DE LOURDES

✝

6ME ÉDITION

PRIX : 75 CENTIMES

SAINT-DIÉ — IMPRIMERIE L. HUMBERT

IMPRIMATUR

† **ALPHONSUS-GABRIEL**, *Episc. Sancti-Deodati.*

Sancti-Deodati, die 21 Junii 1893.

PRÉFACE

Chers Pèlerins,

Les Pèlerinages à la Grotte de Lourdes dévieraient de leur but et perdraient tout leur mérite si, par notre faute, ils venaient à se transformer en simples excursions de touristes.

La manière dont ils doivent être accomplis nous est indiquée par la Très Sainte Vierge elle-même dans ces paroles si connues qu'Elle dit à Bernabette : « *Je veux qu'on vienne ici en* Procession. » Elle nous est rappelée par le Souverain Pontife dans cette condition qu'il impose, « *de nous livrer à de pieux exercices* pendant le voyage, » si nous voulons gagner l'indulgence plénière attachée à la visite de la Basilique ou de la Grotte.

Donc, une procession qui chante les louanges de la miséricorde divine, sur les chemins conduisant au lieu des Apparitions ; un temps de retraite consacré à notre renouvellement spirituel et à notre sanctification, tel doit être notre Pèlerinage, si nous voulons qu'il réponde aux intentions de la Mère de Dieu et aux vues de l'Église.

C'est à réaliser ce programme, qu'aidera le Manuel du Pèlerinage.

Il est divisé en trois parties :

La première comprend tous les exercices qui se rapportent à la sanctification générale de la journée : Prières du matin, Prières du soir, Sainte Messe, Vêpres de la Sainte Vierge, Saint Rosaire, Chemin de la Croix, Litanies des Saints, Confession, Communion, etc.

Dans la seconde ont été réunis les exercices qui ont pour objet la sanctification particulière de chacun des jours du Pèlerinage : bénédiction et imposition des Croix, Prières de l'Itinéraire, Méditations, Cantiques, etc.

La troisième renferme de courtes notices sur l'origine et les gloires des divers sanctuaires qui seront visités par nous pendant le pèlerinage.

Un Pèlerinage à Notre-Dame de Lourdes réunit en lui seul tous les mérites de la prière, de l'aumône, de la pénitence. Quelle perte regrettable si, par notre négligence, nous étions privés de mérites si précieux ! Puisse ce petit Manuel contribuer pour sa part à éloigner de nous pareil malheur !

RECOMMANDATIONS GÉNÉRALES

Comme le mérite de notre Pèlerinage dépendra avant tout de l'intention surnaturelle qui l'animera, des grâces que nous aurons reçues pour le faire, de l'esprit avec lequel nous en accomplirons les divers exercices, notre première préoccupation doit être de bien diriger nos intentions, de nous assurer le secours de grâces abondantes, de prendre l'esprit qui convient aux vrais pèlerins et, dans cette vue, de nous soumettre aux prescriptions du règlement.

I. **Intentions.** — Ne cherchons sur les chemins de Lourdes ni le contentement des sens, ni la satisfaction de la curiosité. Si nous y trouvons quelque agrément, acceptons-le avec actions de grâces ; cela nous est permis, comme toute jouissance honnête que la divine Providence attache à l'usage légitime des biens de ce monde ; mais mettons toujours au second rang cette sorte d'avantages, et que nos intentions premières soient toutes surnaturelles.

Parmi ces intentions, les unes seront générales et se rapporteront au bien commun de l'Eglise ; les autres pourront être particulières et avoir pour objet notre bien propre ou celui des personnes qui nous sont chères.

Intentions générales : Le triomphe de l'Eglise, la délivrance du Pape, le salut de la France, la conversion des pécheurs, la guérison des malades du Pèlerinage ; ces intentions auront la place principale.

Intentions particulières : Connaître sa vocation ; remplir exactement les devoirs de son état ; triompher de tel vice, de telle mauvaise habitude ; pratiquer telle ou telle vertu ; briser avec une affection dangereuse ou criminelle ; avoir le courage d'accomplir quelque acte héroïque auquel nous sommes peut-être sollicités par la grâce et qui serait grandement utile à la gloire de Dieu ou au bien de notre âme ; guérir certains scrupules ou calmer les troubles intérieurs de la conscience ; obtenir la conversion de quelques parents et amis ; apaiser des querelles ou des divisions de famille ; délivrer au plus tôt les pauvres âmes du Purgatoire, celles de nos parents en particulier, etc.

Après ces demandes toutes spirituelles, les plus agréables à Dieu et les meilleures assurément, on peut se proposer aussi d'obtenir de Notre-Seigneur, par l'intercession de sa Très Sainte Mère, des faveurs temporelles, telles que la guérison d'une maladie, l'éloignement ou la réparation d'un revers de fortune. Notre divin Maître n'a-t-il pas dit, sans faire d'exception : *Demandez et vous recevrez ?*

N'oublions cependant pas qu'il a dit d'abord : *Cherchez premièrement le royaume de Dieu et sa justice ;* tandis qu'il n'a jamais dit : « Cherchez la fortune, la santé ou le bonheur en cette vie. » Il faut donc, dans les demandes de ce genre, s'en remettre à la sagesse et à la bonté infinies du Souverain Maître, sans la permission duquel aucune épreuve n'arrive en ce monde.

II. **Recours à la grâce.** — Si, de nous-mêmes, nous ne pouvons avoir la moindre bonne pensée, à plus forte raison sommes-nous incapables de former par nos propres forces la moindre bonne intention ; *si, laissés à nous seuls, nous ne savons ni ce que nous devons demander, ni comment nous devons le demander ;* si, pour la plus petite de nos œuvres méritoires, nous avons besoin d'un secours particulier de la grâce, combien plus ce secours nous sera-t-il nécessaire pour la multitude innombrable de prières et de bonnes œuvres dont se compose un pèlerinage ! Que notre application assidue soit donc de nous le procurer, à l'imitation de l'Eglise qui ne commence aucun de ses offices sans dire : « O mon Dieu, venez à mon aide ; *Deus, in adjutorium meum intende.* »

Demandons donc, et ne nous lassons pas de demander la grâce d'avoir de bonnes intentions, la grâce de bien prier, la grâce d'être charitables, la grâce de ne perdre aucun des fruits du Pèlerinage, la grâce de la persévérance, etc.

III. L'Esprit du Pèlerinage. — Des intentions surnaturelles qui nous animeront, ainsi que des salutaires influences de la grâce, naîtra, au fond de notre âme, cet ensemble de dispositions qui doivent inspirer tous nos exercices et dans lesquelles consiste l'**Esprit du Pèlerinage** : esprit de piété, de charité et de pénitence.

1° L'esprit de **Piété** nous fera nous affectionner à toutes les choses qui intéressent la gloire de Dieu, la prospérité de l'Eglise et le salut des âmes. Où donc nous pénètrerons-nous mieux de cet esprit que dans les lieux qui nous rappellent tant de manifestations de la bonté divine à notre égard ?

Mais rappelons-nous que la piété ne va pas sans le recueillement, et évitons par conséquent tout ce qui nous le ferait perdre : les conversations bruyantes, les entretiens sur des sujets futiles, en un mot, tout ce qui nous distrairait trop des saintes pensées qui doivent nous occuper.

2° L'esprit de **Pénitence** nous disposera à supporter les *privations* et à faire des *sacrifices*.

Faites pénitence, a dit l'Immaculée ; *mangez de l'herbe.*

Un pèlerinage n'est pas un voyage de plaisir, mais d'expiation.

Les occasions d'expier ne manquent pas aux pèlerins : fatigues de la route, chaleur du jour, froid de la nuit, gêne et contrainte imposées par la bienveillance ou la politesse. Ne perdons aucune de ces occasions. Acceptons tout, supportons tout, souffrons tout avec Jésus crucifié ; offrons-nous nous-mêmes tout entiers en sacrifice.

Mais *ce qui vaut mieux* encore *que le sacrifice, c'est l'obéissance,* qu'exige, du reste, le bien commun. Quel désordre, si chacun suivait son caprice !

Ne regardons pas qui commande, obéissons en imitation de *Jésus qui s'est fait obéissant pour tous.* Observons le règlement ; ce sera le moyen assuré de faire le pèlerinage pour Dieu : *Qui regulæ vivit, Deo vivit.*

3° L'esprit de **Charité** nous inclinera à nous supporter et à nous entr'aider les uns les autres.

On ne peut vivre ensemble sans se gêner ; acceptons cette gêne mutuelle. Faisons plus. Aidons-nous.

Un pèlerinage est avant tout une association et comme un faisceau de cœurs unis pour faire violence au cœur de Dieu par une coalition de prières, de sacrifices et d'expiations. Ne séparons donc jamais nos intentions particulières de celles de nos frères en Jésus-Christ, lequel a promis une efficacité toute spéciale à la prière des fidèles réunis en son nom : *En vérité, je vous le dis, si deux* d'entre vous s'accordent à demander une chose, quelle qu'elle soit, elle leur arrivera, pourvu qu'elle ne doive pas nuire à leur salut.

Aidons d'abord ceux d'entre nous qui sont les plus nécessiteux, les malades. Aidons-les de la manière que nous pouvons, au moins en priant pour eux. Ils sont le joyau d'un pèlerinage. Leur présence est une bénédiction pour tous ; mais aussi elle impose à tous des devoirs particuliers.

La pratique parfaite de la charité est le plus sûr moyen de plaire à Notre-Seigneur et à son Immaculée Mère. Que les pèlerins fassent revivre, en ce siècle égoïste, et montrent à tous les regards, pour la gloire de Dieu, la sublime fraternité des premiers chrétiens, dont on disait : *Ils ne font qu'un cœur et qu'une âme.*

Si l'esprit de prière, l'esprit de pénitence et l'esprit de charité règnent en nous, nous le saurons aux fruits qu'ils produiront : la *joie* et la *gaieté.*

La joie, en effet, au témoignage de saint Paul, est l'un des fruits principaux du règne de l'Esprit-Saint dans nos âmes. Cette joie, loin de diminuer le mérite du Pèlerinage, ne fera que l'accroître ; car, dit encore l'apôtre : « Dieu aime les dons faits avec entrain ; *Hilarem enim datorem diligit Deus.* »

Donc de l'entrain dans les prières, dans les sacrifices, dans les services mutuels ; pas de plaintes ; la joie d'expier !

IV. Observation du règlement. — Les dispositions intérieures sont assurément les plus importantes ; pourtant, si parfaites qu'on les suppose, elles ne sauraient suffire toutes seules : il faut qu'elles soient soutenues au dehors par l'influence continue d'un règlement accepté de bon cœur.

Or, le règlement du pèlerin de Lourdes doit être, autant que possible, celui d'un retraitant : des prières, des méditations, des neuvaines, des chants, telle sera l'occupation de chacune de ses journées et des heures de chaque journée.

1° *Prières*. — La Prière du matin, la Sainte Messe, le saint Rosaire, les Vêpres, la Neuvaine pour les malades, la visite au Saint-Sacrement, la Prière du soir, sont les prières fondamentales, on ne les omettra jamais ; c'est pourquoi on aura soin de les dire en commun aux heures convenues.

Chacun priera ensuite en son particulier, selon qu'il s'y sentira porté par la grâce de Dieu, le plus qu'il pourra, comme les apôtres : *Orationi instantes erimus*. Pourtant, pas d'exagération. Et surtout que chacun en ceci suive sa dévotion, sans l'imposer à son voisin. Celui qui fera toutes les prières marquées dans l'itinéraire peut être tranquille sur son Pèlerinage.

Un des exercices les plus recommandables, dans les wagons, serait celui du Chemin de la Croix, fait en commun sur un Crucifix indulgencié, d'autant qu'il joint aux mérites de la prière vocale ceux de la prière mentale.

2° *Méditations*. — Les prières vocales et l'office des Vêpres sont un aliment précieux pour la piété des pèlerins. Mais après avoir parlé à Dieu, il est nécessaire que l'âme laisse Dieu lui parler à elle-même et l'écoute.

Cette parole de Dieu, les pèlerins la recueilleront dans les prédications qui leur seront adressées et dont ils suivront avec docilité les enseignements ; mais ils se feront un devoir de la puiser aussi dans des lectures pieuses, soit dans celles qu'ils trouveront ici et qui sont destinées à leur servir de sujets de méditation, soit dans celles qu'ils pourront se procurer ailleurs.

Le mot de méditation effraie... Ce n'est pas une raison pour ne pas méditer... Qui est incapable de réfléchir quelques instants sur un sujet sérieux?

Et, puisque chacun le peut, pourquoi ne réfléchirait-il pas sur le seul intérêt sérieux pour lui, le salut de son âme..., l'amour de Notre-Seigneur..., la charité envers nos frères..., nos espérances..., le mérite de la patience..., etc.?

Un pèlerinage n'aurait-il pour résultat que de nous faire prendre la résolution de réfléchir et de faire oraison seulement cinq minutes par jour, qu'il aurait produit un grand bien.

Méditons en particulier les paroles prononcées par la Mère de Dieu dans ses diverses apparitions à Bernadette. Toutes sont pleines des enseignements les plus profonds et les plus appropriés à nos besoins actuels.

3° *Neuvaines.* — Le sentiment commun des fidèles, sentiment autorisé par l'Eglise, a toujours reconnu aux neuvaines de prières une efficacité particulière qu'elles doivent, partie à leur signification mystique, partie à la persévérance qui est leur qualité essentielle.

Une neuvaine spéciale aux malades et à leurs bienfaiteurs est recommandée avant le départ du Pèlerinage.

Une seconde neuvaine, plus générale et à toutes les intentions des pèlerins, sera faite pendant le Pèlerinage. Les prières de cette neuvaine se composent du *Chapelet* ou *des Litanies de la Sainte Vierge* suivies *d'invocations au* Cœur sacré de Jésus, à la Vierge Immaculée et aux saints Patrons des divers diocèses de la Lorraine et de l'Alsace : saint Dié, saint Mansuy, saint Clément, sainte Odile, etc.

Les pèlerins réciteront les prières de cette neuvaine chaque jour, soit dans les wagons, soit dans les sanctuaires.

4° *Chants.* — Les chants sont la forme la plus parfaite de la prière; ils entretiennent la ferveur dans les âmes; et d'ailleurs, on ne conçoit pas une procession où l'on ne chanterait pas.

Aux Messes basses, le chant par excellence est le *Credo.* En route, outre les *Vêpres de la Sainte Vierge,* on chantera de préférence les *Litanies,* le *Miserere,* le *Parce Domine,* l'*Ave Maris Stella,* le *Salve Regina,* le *Magnificat,* des *Cantiques,* surtout l'*Ave, Ave, Ave Maria* de Lourdes.

V. **Assistance aux Offices publics.** — Les prières faites en commun, les offices publics principalement, possèdent plusieurs avantages : ils ont, comme chacun le sait, une efficacité spéciale sur le cœur de Dieu; ils détendent l'esprit; ils permettent à l'âme de goûter à loisir les joies de l'union avec Dieu, à laquelle elle est parvenue par la prière privée et par la méditation.

Les pèlerins feront donc leur possible pour assister aux exercices communs, dont les heures seront indiquées pour le cours de chaque journée. L'esprit de charité et de solidarité dans la prière gagnera tout particulièrement à cette assiduité.

PREMIÈRE PARTIE

SANCTIFICATION GÉNÉRALE DE LA JOURNÉE

I. PRIÈRES DU MATIN

Au nom du Père, et du Fils, et du Saint-Esprit.
Ainsi soit-il.

*Mettons-nous en la présence de Dieu et adorons
son saint Nom.*

Très sainte et très auguste Trinité, Dieu seul en
trois personnes, je crois que vous êtes ici présent.
Je vous adore avec les sentiments de l'humilité la
plus profonde, et vous rends de tout mon cœur les
hommages qui sont dus à votre souveraine Majesté.

*Remercions Dieu des grâces qu'il nous a faites et
offrons-nous à lui.*

Mon Dieu, je vous remercie très humblement de
toutes les grâces que vous m'avez faites jusqu'ici.
C'est encore par un effet de votre bonté que je vois
ce jour : je veux aussi l'employer uniquement pour
vous servir. Je vous en consacre toutes les pensées,
les paroles, les actions et les peines. Bénissez-les,
Seigneur, afin qu'il n'y en ait aucune qui ne soit
animée de votre amour, et qui ne tende à votre plus
grande gloire.

*Formons la résolution d'éviter le péché et de prati-
quer la vertu.*

Adorable Jésus, divin modèle de la perfection à
laquelle nous devons aspirer, je vais m'appliquer,
autant que je le pourrai, à me rendre semblable à

vous : doux, humble, chaste, zélé, patient, charitable et résigné comme vous. Et je ferai particulièrement tous mes efforts pour ne pas retomber dans les fautes que je commets si souvent, et dont je souhaite sincèrement de me corriger.

Demandons à Dieu les grâces qui nous sont nécessaires.

Mon Dieu, vous connaissez ma faiblesse ; je ne puis rien sans le secours de votre grâce, ne me la refusez pas, ô mon Dieu ! proportionnez-la à mes besoins ; donnez-moi assez de force pour éviter tout le mal que vous défendez, pour pratiquer tout le bien que vous attendez de moi, et pour souffrir patiemment toutes les peines qu'il vous plaira de m'envoyer.

L'ORAISON DOMINICALE

Pater noster, etc.   Notre Père, etc.

LA SALUTATION ANGÉLIQUE

Ave Maria, etc.   Je vous salue, Marie, etc.

LE SYMBOLE DES APOTRES

Credo in Deum, etc.   Je crois en Dieu, etc.

LA CONFESSION DES PÉCHÉS

Confiteor Deo omnipotenti, etc.   Je confesse à Dieu tout-puissant, etc.

COMMANDEMENTS DE DIEU

1. Un seul Dieu tu adoreras, etc.

COMMANDEMENTS DE L'ÉGLISE

1. Les fêtes tu sanctifieras, etc.

Invoquons la Sainte Vierge, notre bon ange et notre saint patron.

Sainte Vierge, Mère de Dieu, ma Mère et ma Patronne, je me mets sous votre protection, et je me

réfugie avec confiance dans le sein de votre miséricorde. Soyez, ô Mère de bonté, mon refuge dans mes
besoins, ma consolation dans mes peines, et mon
avocate auprès de votre adorable Fils, aujourd'hui,
tous les jours de ma vie, et particulière...ent à l'heure
de ma mort.

Ange du ciel, mon fidèle et charitable guide, obtenez-moi d'être si docile à vos inspirations, et de
régler si bien mes pas, que je ne m'écarte en rien
de la voie des commandements de Dieu.

Grand Saint..., dont j'ai l'honneur de porter le
nom, protégez-moi, priez pour moi, afin que je puisse
servir Dieu comme vous sur la terre, et le glorifier
éternellement avec vous dans le ciel. Ainsi soit-il.

ACTE DE FOI

Mon Dieu, je crois fermement toutes les vérités
que vous avez révélées, et que vous nous enseignez
par votre Église, parce que vous ne pouvez ni vous
tromper ni nous tromper.

ACTE D'ESPÉRANCE

Mon Dieu, j'espère avec une ferme confiance que
vous me donnerez, par les mérites de Jésus-Christ,
votre grâce en ce monde, et si j'observe vos commandements, votre gloire dans l'autre ; parce que
vous me l'avez promis, et que vous êtes souverainement fidèle dans vos promesses.

ACTE DE CHARITÉ

Mon Dieu, je vous aime de tout mon cœur et par-
dessus toutes choses, parce que vous êtes infiniment
bon et infiniment aimable, et j'aime mon prochain
comme moi-même pour l'amour de vous.

MÉDITATION

*On fera ici la méditation assignée dans la 2e partie
pour chacun des jours du pèlerinage.*

LITANIES DU SAINT NOM DE JÉSUS

Kyrie, eleison, — Seigneur, ayez pitié de nous,

Christe, eleison, — Jésus-Christ, ayez pitié de nous,

Kyrie, eleison, — Seigneur, ayez pitié de nous,

Jesu, audi nos, — Jésus, écoutez-nous,

Jesu, exaudi nos, — Jésus, exaucez-nous,

Pater de cœlis Deus, miserere nobis, — Dieu le Père, des Cieux où vous êtes assis, ayez pitié de nous,

Fili, Redemptor mundi, Deus, — Dieu le Fils, rédempteur du monde, ayez pitié de nous,

Spiritus Sancte, Deus, — Dieu le Saint-Esprit,

Sancta Trinitas, unus Deus, — Trinité sainte, qui êtes un seul Dieu,

Jesu, Fili Dei vivi, — Jésus, Fils du Dieu vivant,

Jesu, splendor Patris, — Jésus, splendeur du Père,

Jesu, candor lucis æternæ, — Jésus, pureté de la lumière éternelle.

Jesu, rex gloriæ, — Jésus, roi de gloire,

Jesu, sol justitiæ, — Jésus, soleil de Justice,

Jesu, Fili Mariæ Virginis, — Jésus, Fils de la Vierge Marie.

Jesu, amabilis, — Jésus, aimable,

Jesu, admirabilis, — Jésus admirable,

Jesu, Deus fortis, — Jésus, Dieu fort,

Jesu, Pater futuri sæculi. — Jésus, père du siècle à venir,

Jesu, magni consilii Angele, — Jésus, Ange du grand Conseil,

Jesu, potentissime, — Jésus, très puissant,

Jesu, patientissime, — Jésus, très patient,

Jesu, obedientissime, — Jésus, très obéissant,

Jesu, mitis et humilis corde, — Jésus, doux et humble de cœur,

Jesu, amator castitatis, — Jésus, amateur de la chasteté,

Jesu, amator noster, — Jésus, qui nous honorez de votre amour,

Jesu, Deus pacis, — Jésus, Dieu de paix,

Jesu, auctor vitæ, — Jésus, auteur de la vie,

Jesu, exemplar virtutum, — Jésus, modèle des vertus,

Jesu, zelator animarum, — Jésus, zélateur des âmes,

Jesu, Deus noster,	Jésus, notre Dieu,
Jesu, refugium nostrum,	Jésus, notre refuge,
Jesu, pater pauperum,	Jésus, père des pauvres,
Jesu, thesaurus fidelium,	Jésus, trésor des fidèles,
Jesu, bone pastor,	Jésus, bon pasteur,
Jesu, lux vera,	Jésus, vraie lumière,
Jesu, sapientia æterna,	Jésus, Sagesse éternelle,
Jesu, bonitas infinita,	Jésus, bonté infinie,
Jesu, via et vita nostra,	Jésus, notre voie et notre vie,
Jesu, gaudium Angelorum,	Jésus, la joie des Anges,
Jesu, rex Patriarcharum,	Jésus, le roi des Patriarches,
Jesu, inspirator Propheta-rum,	Jésus, qui inspirez les Pro-phètes,
Jesu, magister Apostolo-rum,	Jésus, le maître des Apô-tres,
Jesu, doctor Evangelista-rum,	Jésus, le docteur des Évan-gélistes.
Jesu, fortitudo Martyrum,	Jésus, la force des Martyrs,
Jesu, lumen Confessorum,	Jésus, la lumière des Con-fesseurs,
Jesu, puritas Virginum,	Jésus, la pureté des Vierges,
Jesu, corona Sanctorum omnium, miserere nobis,	Jésus, la couronne de tous les Saints, ayez pitié de n.,
Propitius esto, parce nobis Jesu.	Soyez-nous propice, par-donnez-nous Jésus.
Propitius esto, exaudi nos, Jesu.	Soyez-nous propice, exau-cez-nous Jésus.
Ab omni malo, libera nos, Jesu.	De tout mal, délivrez-nous, Jésus.
Ab omni peccato, lib. n., J.	De tout péché, d.-n., Jésus.
Ab ira tua, libera nos, Jesu.	De votre colère, d.-n., Jés.
Ab insidiis diaboli, libera nos Jesu.	Des embûches du démon, délivrez-nous, Jésus.
A spiritu fornicationis, li-bera nos, Jesu.	De l'esprit de fornication, délivrez-nous Jésus.
A morte perpetua, libera nos Jesu.	De la mort perpétuelle, dé-livrez-nous, Jésus.
A neglectu inspirationum tuarum, libera nos, Jesu.	Du mépris de vos divines inspirations, d.-n., Jésus.
Per mysterium sanctæ In-carnationis tuæ, l. n., J.	Par le mystère de votre sainte Incarnation, d.-n. J.
Per nativitatem tuam, l. n. J.	Par votre naissance, d.-n. J.
Per infantiam tuam, l. n. J.	Par votre enfance, d.-n. Jés.
Per divinissimam vitam tuam, libera nos, Jesu.	Par votre vie toute divine, délivrez-nous, Jésus.
Per labores tuos, l. n., Jesu.	Par vos travaux, d.-n., Jés.

Per agoniam et Passionem tuam, libera nos, Jesu.

Par votre agonie et votre Passion, dél.-nous, Jésus.

Per Crucem et derelictionem tuam, libera nos, Jesu.

Par votre Croix et par votre abandonnement, délivrez-nous, Jésus.

Per languores tuos, l. n., J.

Par vos langueurs, d.-n., J.

Per mortem et sepulturam tuam, libera nos, Jesu.

Par votre mort et par votre sépulture, d.-n., Jésus.

Per Resurrectionem tuam, libera nos, Jesu.

Par votre Résurrection, délivrez-nous, Jésus.

Per Ascensionem tuam, libera nos, Jesu.

Par votre Ascension, délivrez-nous, Jésus.

Per gaudia tua, libera nos, Jesu.

Par vos saintes joies, délivrez-nous, Jésus.

Per gloriam tuam, libera nos, Jesu.

Par votre gloire, délivrez-nous, Jésus.

Agnus Dei, qui tollis peccata mundi, parce nobis, Jesu.

Agneau de Dieu qui effacez les péchés du monde, pardonnez-nous, Jésus.

Agnus Dei, qui tollis peccata mundi, exaudi nos, Jesu.

Agneau de Dieu qui effacez les péchés du monde, exaucez-nous, Jésus.

Agnus Dei, qui tollis peccata mundi, miserere nobis, Jesu.

Agneau de Dieu qui effacez les péchés du monde, ayez pitié de nous, Jésus.

Jesu, audi nos.

Jésus, écoutez-nous.

Jesu, exaudi nos.

Jésus, exaucez-nous.

℣ Confitebimur tibi, Deus; ℟ Et invocabimus Nomen tuum.

℣ Nous vous bénirons, ô Dieu ! ℟ Et nous invoquerons votre nom.

OREMUS

Domine Jesu Christe, qui dixisti: Petite, et accipietis; quærite, et invenietis; pulsate, et aperietur vobis; quæsumus, da nobis petentibus divinissimi tui amoris affectum, ut te toto corde, ore et opere diligamus, et a tua nunquam laude cessemus. Qui vivis et regnas in sæcula sæculorum. Amen.

PRIONS

Seigneur Jésus-Christ, qui avez dit : Demandez, et vous recevrez; cherchez, et vous trouverez; frappez, et il vous sera ouvert ; faites-nous, s'il vous plaît, la grâce de concevoir l'affection de votre amour tout divin, afin que nous vous aimions de tout notre cœur en vous confessant de bouche et d'action, et que jamais nous ne cessions de vous louer. Ainsi soit-il.

II. PRIÈRES DU SOIR

Au nom du Père, et du Fils, et du Saint-Esprit.
Ainsi soit-il.

Mettons-nous en la présence de Dieu et adorons-le.

Je vous adore, ô mon Dieu, avec la soumission que m'inspire la présence de votre souveraine grandeur. Je crois en vous, parce que vous êtes infiniment bon. Je vous aime de tout mon cœur, parce que vous êtes souverainement aimable, et j'aime le prochain comme moi-même, pour l'amour de vous.

Remercions Dieu des grâces qu'il nous a faites.

Quelles actions de grâces vous rendrai-je, ô mon Dieu ! pour les biens que j'ai reçus de vous ? Vous avez songé à moi de toute éternité; vous m'avez tiré du néant, vous avez donné votre vie pour me racheter, et vous me comblez encore tous les jours d'une infinité de faveurs. Hélas ! Seigneur, que puis-je faire en reconnaissance de tant de bontés ? Joignez-vous à moi, Esprits bienheureux, pour louer le Dieu des miséricordes, qui ne cesse de faire du bien à la plus indigne et à la plus ingrate de ses créatures.

Demandons à Dieu de connaître nos péchés.

Source éternelle de lumière, Esprit-Saint, dissipez les ténèbres qui me cachent la laideur et la malice du péché. Faites m'en concevoir une si grande horreur, ô mon Dieu ! que je le haïsse, s'il se peut, autant que vous le haïssez vous-même, et que je ne craigne rien tant que de le commettre à l'avenir.

Examinons-nous sur les péchés commis.

Envers Dieu. — Omissions ou négligences dans nos devoirs de piété, irrévérences à l'église, distractions volontaires dans nos prières, jurements, murmures, manque de confiance et de résignation dans la souffrance.

Envers le prochain. — Jugements téméraires, mépris, haine, désirs de vengeance, querelles, emportements, imprécations, injures, médisances, railleries, faux rapports, dommages aux biens ou à la réputation, mauvais exemples, scandale, manque de respect, d'obéissance, de zèle, de fidélité.

Envers nous-mêmes. — Vanité, respect humain, mensonges; pensées, désirs, discours et actions contraires à la pureté; intempérance, colères, impatiences, vie inutile et sensuelle, paresse à remplir les devoirs de notre état.

Faisons un acte de contrition.

Me voici, Seigneur, tout couvert de confusion et pénétré de douleur à la vue de mes fautes. Je viens les détester devant vous avec un vrai déplaisir d'avoir offensé un Dieu si bon, si aimable, et si digne d'être aimé. Était-ce donc là, ô mon Dieu! ce que vous deviez attendre de ma reconnaissance, après m'avoir aimé jusqu'à répandre votre sang pour moi? Oui, Seigneur, j'ai poussé trop loin ma malice et mon ingratitude. Je vous en demande très humblement pardon, et je vous conjure, ô mon Dieu! par cette même bonté dont j'ai ressenti tant de fois les effets, de m'accorder la grâce d'en faire dès aujourd'hui et jusqu'à la mort une sincère pénitence.

Prenons une ferme résolution de ne plus pécher.

Que je souhaiterais, ô mon Dieu, ne vous avoir jamais offensé! Mais puisque j'ai été assez malheureux pour vous déplaire, je vais vous marquer la douleur que j'en ai par une conduite tout opposée à celle que j'ai gardée jusqu'ici. Je renonce dès à présent au péché et à l'occasion du péché, surtout à celui où j'ai la faiblesse de retomber si souvent. Et si vous daignez m'accorder votre grâce, ainsi que je la demande et que je l'espère, je tâcherai de remplir fidèlement mes devoirs, et rien ne sera capable de m'arrêter quand il s'agira de vous servir.

Pater, Ave, Credo, Confiteor.

Recommandons-nous à Dieu, à la Sainte Vierge et aux Saints.

Bénissez, ô mon Dieu ! le repos que je vais prendre pour réparer mes forces, afin de mieux vous servir. Vierge sainte, Mère de mon Dieu, et après lui mon unique espérance, mon bon Ange, mon saint Patron, intercédez pour moi, protégez-moi pendant cette nuit, tout le temps de ma vie, et à l'heure de ma mort. Ainsi soit-il.

Prions pour les vivants et pour les fidèles trépassés.

Répandez, Seigneur, vos bénédictions sur mes parents, mes bienfaiteurs, mes amis et mes ennemis. Protégez tous ceux que vous m'avez donnés pour supérieurs, tant spirituels que temporels. Secourez les voyageurs, les malades et les agonisants. Convertissez les hérétiques, les pécheurs et éclairez les infidèles.

Dieu de bonté et de miséricorde, ayez aussi pitié des âmes des fidèles qui sont dans le Purgatoire. Mettez fin à leurs peines, et donnez à celles pour lesquelles je suis obligé de prier, le repos et la lumière éternelle. Ainsi soit-il.

LITANIES DE LA SAINTE VIERGE

Kyrie eleison. — Seigneur, ayez pitié de nous.

Christe eleison. — Jésus-Christ, ayez pitié de nous.

Kyrie eleison. — Seigneur, ayez pitié de nous.

Christe, audi nos. — Jésus-Christ, écoutez-nous.

Christe, exaudi nos. — Jésus-Christ, exaucez-nous.

Pater de cœlis, Deus, miserere nobis. — Dieu le Père, du haut des cieux, ayez pitié de nous.

Fili, Redemptor mundi, Deus, miserere nobis. — Dieu le fils, Rédempteur du monde, ayez pitié de nous.

Spiritus Sancte, Deus, miserere nobis. — Dieu le Saint-Esprit, ayez pitié de nous.

Sancta Trinitas, unus Deus, miserere nobis. — Trinité sainte, qui êtes un seul Dieu, ayez pitié de nous.

Sancta Maria, ora pro nobis, — Sainte Marie, priez pour nous.

Sancta Dei Genitrix, ora... — Sainte Mère de Dieu, priez...

Sancta Virgo virginum, — Sainte Vierge des vierges,

Mater Christi, — Mère de Jésus-Christ,

Mater divinæ gratiæ, — Mère de la divine grâce,

Mater purissima, — Mère très pure,

Mater castissima, — Mère très chaste,

Mater inviolata, — Mère sans tache,

Mater intemerata, — Mère toujours vierge,

Mater amabilis, — Mère aimable,

Mater admirabilis, — Mère admirable,

Mater Creatoris, — Mère du Créateur,

Mater Salvatoris, — Mère du Sauveur,

Virgo prudentissima, — Vierge très prudente,

Virgo veneranda, — Vierge vénérable,

Virgo prædicanda, — Vierge digne de louanges,

Virgo potens, — Vierge puissante,

Virgo clemens, — Vierge clémente,

Virgo fidelis, — Vierge fidèle,

Speculum justitiæ, — Miroir de justice,

Sedes sapientiæ, — Trône de la sagesse,

Causa nostræ lætitiæ, — Cause de notre joie,

Vas spirituale, — Vase rempli des dons du Saint-Esprit,

Vas honorabile, — Vase d'honneur,

Vas insigne devotionis, — Vase insigne de dévotion,

Rosa mystica, — Rose mystique,

Turris Davidica, — Tour de David,

Turris eburnea, — Tour d'ivoire,

Domus aurea, — Palais d'or,

Fœderis arca, — Arche d'alliance,

Janua cœli, — Porte du ciel,

Stella matutina, — Étoile du matin,

Salus infirmorum, — Santé des infirmes,

Refugium peccatorum, — Refuge des pécheurs,

Consolatrix afflictorum, — Consolatrice des affligés,

Auxilium Christianorum, — Secours des chrétiens,

Regina Angelorum, — Reine des Anges,

Regina Patriarcharum, — Reine des Patriarches,

Regina Prophetarum, — Reine des Prophètes,

Regina Apostolorum, — Reine des Apôtres,

Regina Martyrum, — Reine des Martyrs,

Regina Confessorum,
Regina Virginum,
Regina Sanctorum omnium.
Regina sine labe originali
concepta, ora pro nobis.
Regina sacratissimi Rosarii, ora pro nobis.
Agnus Dei, qui tollis peccata mundi, parce nobis, Domine.
Agnus Dei, qui tollis peccata mundi, exaudi nos, Domine.
Agnus Dei, qui tollis peccata mundi, miserere nobis.
Christe, audi nos.
Christe, exaudi nos.
℣ Ora pro nobis, sancta Dei Genitrix.
℟ Ut digni efficiamur promissionibus Christi.

Reine des Confesseurs,
Reine des Vierges,
Reine de tous les Saints,
Reine conçue sans péché, priez pour nous.
Reine du très saint Rosaire, priez pour nous.
Agneau de Dieu, qui effacez les péchés du monde, pardonnez-nous, Seigneur.
Agneau de Dieu, qui effacez les péchés du monde, exaucez-nous, Seigneur.
Agneau de Dieu, qui effacez les péchés du monde, ayez pitié de nous.
Jésus-Christ, écoutez-nous.
Jésus-Christ, exaucez-nous.
℣ Priez pour nous, sainte Mère de Dieu.
℟ Pour nous rendre dignes des promesses de Jésus-Christ.

OREMUS

Defende, quæsumus, Domine, Beata Maria semper virgine intercedente, istam ab omni adversitate familiam, et toto corde tibi prostratam, ob hostium propitius tuere clementer insidiis. Per Christum Dominum nostrum.

PRIONS

Seigneur, défendez, s'il vous plaît, de tout mal, par l'intercession de la B. Marie toujours vierge, cette famille qui se prosterne devant vous de tout son cœur, et délivrez-la par votre miséricorde des pièges de ses ennemis. Par J.-C. N. S.

Pour les âmes du Purgatoire.

De profundis clamavi ad te, Domine ; Domine, exaudi vocem meam.

Fiant aures tuæ intendentes, in vocem deprecationis meæ.

Si iniquitates observaris, Domine, Domine, quis sustinebit ?

Quia apud te propitiatio est, et propter legem tuam sustinui te, Domine.

Sustinuit anima mea in verbo ejus, speravit anima mea in Domino.

A custodia matutina usque ad noctem, speret Israël in Domino.

Quia apud Dominum misericordia, et copiosa apud eum redemptio.

Et ipse redimet Israël, ex omnibus iniquitatibus ejus.

℣ Requiem æternam dona eis, Domine.

℟ Et lux perpetua luceat eis.

℣ Requiescant in pace. ℟ Amen.

OREMUS

Fidelium, Deus, omnium Conditor et Redemptor, animabus famulorum famularumque tuarum, remissionem cunctorum tribue peccatorum, ut indulgentiam quam semper optaverunt piis supplicationibus consequantur. Qui vivis et regnas in sæcula sæculorum. Amen.

III. LA CONFESSION

ACTES

Se mettre en la présence de Dieu... Invoquer les lumières du Saint-Esprit pour connaître ses fautes...

Examen de conscience... Acte de contrition... Ferme propos de ne plus pécher...

Confession simple, courte, sincère...

Action de grâces à Jésus, qui daigne verser son sang sur nos âmes pour les purifier et les pardonner.

IV. LA COMMUNION

Communier, c'est nous incorporer la chair et le sang de Jésus-Christ, pour nourrir notre vie divine de grâce. C'est l'acte le plus auguste, le plus sanctifiant que nous puissions faire, si nous y apportons les dispositions convenables. Puissions-nous, pendant toute la durée du pèlerinage, jouir, chaque jour, d'une si grande faveur !

1° PRÉPARATION

Quelques jours à l'avance, surtout la veille, préparez votre âme par plus de recueillement, de vigilance contre toute faute délibérée, de fidélité à vos devoirs d'état, de désir de Jésus, de contrition dans votre Confession ou votre Examen.

Immédiatement avant, faites effort pour exciter en vous ces trois saintes dispositions :

FOI VIVE. — Demandez-vous : *Quel est celui que je vais recevoir ?* La parole du Maître, lumineuse comme le soleil, vous répond : *Ceci est mon corps... mon sang.* C'est Notre-Seigneur Jésus-Christ, immolé sur la Croix, triomphant au ciel... C'est le Verbe éternel, le Créateur et Seigneur souverain, mon Juge suprême... Répétez : Oui, mon Dieu c'est Vous,... c'est bien Vous... Je le crois avec plus d'assurance, sur votre affirmation infaillible, que si je voyais de mes yeux resplendir votre Majesté...

Adorez, c'est-à-dire, reconnaissez-le franchement comme votre Auteur et Maître absolu, de qui vous tenez tout, à qui vous appartenez totalement...

HUMBLE COMPONCTION. — *Qui suis-je, moi qui vais Le recevoir ?...* Seigneur, *Vous êtes le Saint des saints,... devant Vous, vos Anges mêmes ne sont pas assez purs,... et je suis le dernier des pécheurs !...* Mon cœur a été souillé de tant de péchés,... si ingrat, si misérable,... il est encore si tiède, si enclin à recommencer ! *Seigneur, je ne suis pas digne !...* Et cependant, vous voulez que je vienne à Vous, avec une confiance filiale, comme à mon bon Sauveur, à mon charitable Médecin ?...

Efforcez-vous de purifier de plus en plus votre âme, en vous excitant vivement à la contrition, à la vue de tant de bonté, de tant d'amour... Pardon, ô bon Maître ! je déteste tous mes péchés,... plutôt la mort que de blesser désormais votre Cœur !...

AMOUR QUI SE DONNE. — *Comme celui de Jésus...* Lui vous donne tout,... tout,... dans une union ineffable,... sa chair pour purifier la vôtre,... son Âme pour imprégner la vôtre de son esprit d'abnégation et de mépris du monde,... son Cœur pour enflammer le vôtre de son généreux dévouement,... sa Divinité pour vous transformer,... ses trésors de mérites pour vous enrichir, et de grâces pour vous fortifier. Aimez-Le, vous aussi, grandement, pratiquement,... c'est-à-dire *donnez-vous sans réserve*, pour la fuite de tout péché,... pour l'accomplissement de tout devoir,... pour la lutte contre l'orgueil, la sensualité, la lâcheté... Jésus n'a reculé devant aucun sacrifice pour vous,... ne refusez rien, ouvrez-vous largement, afin qu'il puisse s'unir pleinement à vous...

Désirez-Le, appelez-Le ardemment : *Venez Seigneur Jésus, venez !...*

2° ACTION DE GRACES

En quittant la Table sainte, tenez-vous aussi longtemps que possible sous cette impression : *Dieu est au milieu de mon cœur !...* Écoutez-Le,... aimez-Le,... donnez-vous... C'est l'heure de la grâce par excellence.

Puis, durant un quart d'heure, pénétrez-vous

de ces sentiments, exprimés par l'anagramme ARDOR.

ADORATION. — Jésus est à l'intime de votre âme, comme un Roi sur son trône, attendant vos hommages... Prosterné en esprit à ses pieds, dites-Lui, répétez-lui qu'Il est votre Seigneur, votre Tout,... que vous voulez être complètement à Lui,... Lui obéir en tout,... ne vivre plus que pour sa gloire...

REMERCIEMENTS. — Que rendre pour ce Don infini ? Vous êtes si pauvre !... Offrez du moins votre amour,... vos élans de reconnaissance... *Soit loué et remercié à tout moment le Très Saint Sacrement de nos autels !... Merci, mon bon Sauveur !* Priez Marie, les Séraphins, de suppléer par leurs ardeurs à votre impuissance.

DEMANDE. — Jésus *veut* vous donner tout,... et Il le *peut*... Demandez ardemment, avec une immense confiance, toutes les grâces nécessaires pour vous,... pour les vôtres,... les pécheurs,... l'Église,... les âmes du Purgatoire... *Ame de Jésus-Christ, sanctifiez-moi,* etc.

OFFRANDE. — Jésus vient de vous donner tout, l'infini... Réservez-vous quelque chose ?... Déjà Il a droit à tout... Offrez donc tout, pour qu'Il le gouverne à son gré... *Prenez, Seigneur, et recevez toute ma liberté,* etc.

RÉSOLUTIONS. — Renouvelez, avec une volonté fermement déterminée, vos promesses de retraite : Exercices de piété... Combat de l'amour-propre... Pureté... Devoir d'état... Charité... Zèle...

Vous emportez Dieu... Que tous le sentent à votre recueillement, à votre dévouement, à votre progrès spirituel !

V. LA MESSE

La grande prière d'expiation et de salut, c'est le saint Sacrifice de la Messe. Assistons à Messe, en union avec la Victime adorable qui s'immole pour réparer les outrages faits à son Père, et pour sauver les nations comme les simples fidèles.

INTROIT

† C'est en votre nom, adorable Trinité, c'est pour vous rendre l'honneur et les hommages qui vous sont dus, que j'assiste au très saint et très auguste Sacrifice.

Permettez-moi, divin Sauveur, de m'unir d'intention au ministre de vos autels pour offrir la précieuse Victime de mon salut; et donnez-moi les sentiments que j'aurais dû avoir sur le Calvaire, si j'avais assisté au Sacrifice sanglant de votre Passion.

CONFITEOR

Je m'accuse devant vous, ô mon Dieu, de tous les péchés dont je suis coupable. Je m'en accuse en présence de Marie, la plus pure de toutes les vierges, de tous les saints et de tous les fidèles, parce que j'ai péché en pensées, en paroles, en actions, en omissions, par ma faute, oui par ma faute, et par ma très grande faute. C'est pourquoi je conjure la très sainte Vierge et tous les saints de vouloir bien intercéder pour moi.

Seigneur, écoutez favorablement mes prières, et accordez moi l'indulgence, l'absolution et la rémission de tous mes péchés.

KYRIE

Kyrie, eleison.	(3 fois.)	Seigneur, ayez pitié de nous.
Christe, eleison.		Christ, ayez pitié de nous.
Kyrie, eleison.		Seigneur, ayez pitié de nous.

GLORIA

Gloria in excelsis Deo; Et in terra pax hominibus bo-   Gloire à Dieu dans le ciel, et paix sur la terre aux hom-

næ voluntatis. Laudamus te. Benedicimus te. Adoramus te. Glorificamus te. Gratias agimus tibi propter magnam gloriam tuam. Domine Deus, Rex cœlestis, Deus, Pater omnipotens. Domine, Fili unigenite, Jesu Christe. Domine Deus, Agnus Dei, Filius Patris. Qui tollis peccata mundi, miserere nobis. Qui tollis peccata mundi, suscipe deprecationem nostram. Qui sedes ad dexteram Patris, miserere nobis. Quoniam tu solus Sanctus : Tu solus Dominus ; Tu solus Altissimus, Jesu Christe, cum Sancto Spiritu, in gloria Dei Patris. Amen.

mes de bonne volonté. Nous vous louons, Seigneur ; nous vous bénissons ; nous vous adorons ; nous vous glorifions ; nous vous rendons de très humbles actions de grâces, dans la vue de votre grande gloire, vous qui êtes le Seigneur, le souverain monarque, le Très-Haut, le seul vrai Dieu, le Père tout-puissant. Adorable Jésus, Fils unique du Père, Dieu et Seigneur de toutes choses. Agneau envoyé de Dieu pour effacer les péchés du monde, ayez pitié de nous ; et du haut du ciel, où vous régnez avec votre père, jetez un regard de compassion sur nous. Sauvez-nous : vous êtes le seul qui le puissiez, Seigneur Jésus, parce que vous êtes le seul infiniment saint, infiniment puissant, infiniment adorable, avec le Saint-Esprit dans la gloire du Père. Ainsi soit-il.

ORAISON

Accordez-nous, Seigneur, par l'intercession de la Sainte Vierge et des Saints que nous honorons, toutes les grâces que votre ministre vous demande pour lui et pour nous. M'unissant à lui, je vous fais la même prière pour ceux et celles pour lesquels je suis obligé de prier, et je vous demande, Seigneur, pour eux et pour moi, tous les secours que vous savez nous être nécessaires, afin d'obtenir la vie éternelle ; au nom de Jésus-Christ notre Seigneur.

EPITRE

Mon Dieu, vous m'avez appelé à la connaissance de votre sainte loi, préférablement à tant de peuples qui vivent dans l'ignorance de vos mystères. Je l'accepte de tout mon cœur cette divine loi, et j'écoute avec respect les oracles sacrés que vous avez prononcés par la bouche de vos prophètes. Je les révère avec toute la soumission qui est due à la parole divine et j'en vois l'accomplissement avec toute la joie de mon âme.

Que n'ai-je pour vous, ô mon Dieu, un cœur semblable à celui des saints de votre Ancien Testament ! Que ne puis-je vous désirer avec l'ardeur des patriarches, vous connaître et vous révérer comme les prophètes, vous aimer et m'attacher uniquement à vous comme les apôtres ?

ÉVANGILE

† Ce ne sont plus, ô mon Dieu, les prophètes ni les apôtres qui vont m'instruire de mes devoirs ; c'est votre Fils unique, c'est sa parole que je vais entendre. Mais hélas ! que me servira d'avoir cru que c'est votre parole, Seigneur Jésus, si je n'agis pas conformément à ma croyance. Que me servira, lorsque je paraîtrai devant vous, d'avoir eu la foi sans le mérite de la charité et des bonnes œuvres ?

Je crois et je vis comme si je ne croyais pas, ou comme si je croyais un évangile contraire au vôtre. Ne me jugez pas, ô mon Dieu, sur cette opposition perpétuelle que je mets entre vos maximes et ma conduite. Je crois, mais inspirez-moi le courage et la force de pratiquer ce que je crois. A vous, Seigneur, en reviendra toute la gloire.

CREDO

Credo in unum Deum, Patrem omnipotentem, factorem cœli et terræ, visibilium omnium et invisibilium. Et in unum Dominum Jesum Christum, Filium Dei unigenitum. Et ex Patre natum ante omnia sæcula : Deum de Deo, lumen de lumine,

Je crois en un seul Dieu le Père tout-puissant, Créateur de l'univers ; en notre Seigneur Jésus-Christ son Fils unique, parfaitement semblable à lui : saint, puissant, éternel, Dieu comme lui. Je crois que ce Fils adorable s'est fait homme pour

Deum verum de Deo vero : Genitum non factum, consubstantialem Patri, per quem omnia facta sunt. Qui propter nos homines et propter nostram salutem, descendit de cœlis : et incarnatus est de Spiritu Sancto, ex Maria Virgine, ET HOMO FACTUS EST. Crucifixus etiam pro nobis sub Pontio Pilato, passus et sepultus est. Et resurrexit tertiâ die, secundum Scripturas : Et ascendit in cœlum, sedet ad dexteram Patris : Et iterum venturus est cum gloriâ judicare vivos et mortuos : cugus regni non erit finis.

Et in Spiritum Sanctum Dominum et vivificantem ; qui ex Patre Filioque procedit : Qui cum Patre et Filio simul adoratur, et conglorificatur ; qui locutus est per Prophetas. Et Unam, Sanctam, Catholicam, et Apostolicam Ecclesiam. Confiteor unam baptisma in remissionem peccatorum. Et expecto resurrectionem mortuorum Et vitam venturi sæculi. Amen.

l'amour de nous, qu'il a souffert, qu'il est mort, qu'il est ressuscité ; qu'il est monté au ciel, qu'il en descendra pour juger les hommes, et qu'ensuite il continuera un règne éternellement heureux.

Je crois au Saint-Esprit, Dieu comme le père et le Fils, procédant de l'un et de l'autre, et partageant la même gloire avec eux ; source de vie, auteur de la sanctification des hommes, et la lumière des prophètes. Je crois à une église sainte, catholique, apostolique ; à un baptême institué pour la rémission des péchés , et, plein de confiance en la miséricorde de mon Dieu, j'attends la résurrection des morts, et la vie éternelle. Ainsi soit-il.

OFFERTOIRE

Père infiniment saint, Dieu tout-puissant et éternel, quelque indigne que je sois de paraître devant vous, j'ose vous présenter cette hostie par les mains du prêtre, avec l'intention qu'a eue Jésus-Christ, mon Sauveur, lorsqu'il institua ce sacrifice, et qu'il a encore au moment où il s'immole ici pour moi.

Je vous l'offre pour reconnaître votre souverain domaine sur moi et sur toutes les créatures. Je vous l'offre pour l'expiation de mes péchés, et en action de grâces de tous les bienfaits dont vous m'avez comblé.

Je vous l'offre, enfin, mon Dieu, cet auguste sacrifice, afin d'obtenir de votre infinie bonté, pour moi, pour mes parents, pour mes bienfaiteurs, mes amis et mes ennemis, ces grâces précieuses du salut, qui ne peuvent être accordées à un pécheur qu'en vue des mérites de celui qui est le juste par excellence, et qui s'est fait victime de propitiation pour tous.

Mais, en vous offrant cette adorable Victime, je vous recommande, ô mon Dieu, toute l'Eglise catholique, N. S. P. le Pape, notre Evêque, tous les pasteurs des âmes, nos gouvernants et leurs familles, les princes chrétiens et tous les peuples qui croient en vous.

Souvenez-vous aussi, Seigneur, des fidèles trépassés ; et en considération des mérites de votre Fils, donnez-leur un lieu de rafraîchissement, de lumière et de paix.

N'oubliez pas, mon Dieu, vos ennemis et les miens ; ayez pitié de tous les infidèles des hérétiques et de tous les pécheurs. Comblez de bénédictions ceux qui me persécutent, et pardonnez-moi mes péchés, comme je leur pardonne tous le mal qu'ils me font ou qu'ils voudraient me faire.

PRÉFACE

Voici l'heureux moment où le Roi des anges et des hommes va paraître. Seigneur, remplissez-moi de votre esprit ; que mon cœur dégagé de la terre, ne pense qu'à vous. Quelle obligation n'ai-je pas de vous bénir et de vous louer en tout temps et en tout lieu, Dieu du ciel et de la terre, Maître infiniment grand, Père tout puissant et éternel !

Rien n'est plus juste, rien n'est plus avantageux, que de nous unir à Jésus-Christ pour vous adorer continuellement. C'est par lui que tous les esprits bienheureux rendent leurs hommages à votre majesté ; c'est par lui que toutes les vertus du ciel, saisies d'une frayeur respectueuse, s'unissent pour vous glorifier. Souffrez, Seigneur, que nous joignions nos faibles louanges à celles de ces saintes intelligences, et que de concert avec elles nous disions dans un transport de joie et d'admiration :

SANCTUS

Sanctus, Sanctus, Sanctus Dominus Deus sabaoth. Pleni sunt cœli et terra gloriâ tuâ. Hosanna in excelsis! Benedictus qui venit in nomine Domini. Hosanna in excelsis!

Saint, Saint, Saint, est le Seigneur, le Dieu des armées. Tout l'univers est rempli de sa gloire. Que les bienheureux la bénissent dans le ciel! Béni soit celui qui nous vient sur la terre, Dieu et Seigneur comme celui qui l'envoie!

LE CANON

Nous vous conjurons au nom de Jésus-Christ, votre Fils et Notre Seigneur, ô Père infiniment miséricordieux, d'avoir pour agréable et de bénir l'offrande que nous vous présentons, afin qu'il vous plaise de conserver, de défendre et de gouverner votre sainte Eglise catholique, avec tous les membres qui la composent, le Pape, notre Evêque, et généralement tous ceux qui font profession de votre sainte foi.

Nous vous recommandons en particulier, Seigneur, ceux pour qui la justice, la reconnaissance et la charité nous obligent de prier; tous ceux qui sont ici présents à cet adorable sacrifice, et singulièrement N. et N. Et afin, grand Dieu, que nos hommages vous soient plus agréables, nous nous unissons à la glorieuse Marie toujours vierge, Mère de notre Dieu et Seigneur Jésus-Christ, à tous vos Apôtres, à tous les bienheureux martyrs et à tous les saints qui composent avec nous une même Eglise.

Que n'ai-je en ce moment, ô mon Dieu, les désirs enflammés avec lesquels les saints patriarches souhaitaient la venue du Messie! Que n'ai-je leur foi et leur amour! Venez, Seigneur Jésus, venez, aimable Réparateur du monde, venez accomplir un mystère qui est l'abrégé de toutes vos merveilles. Il vient cet Agneau de Dieu : voici l'adorable Victime par qui tous les péchés sont effacés.

ÉLÉVATION

Verbe incarné, divin Jésus, vrai Dieu et vrai homme, je crois que vous êtes ici présent, je vous y adore avec humilité ; je vous aime de tout mon cœur ; et, comme vous y venez pour l'amour de moi, je me consacre entièrement à vous.

J'adore ce sang précieux que vous avez répandu pour tous les hommes ; et j'espère, ô mon Dieu, que vous ne l'aurez pas versé inutilement pour moi. Faites-moi la grâce de m'en appliquer les mérites. Je vous offre le mien, aimable Jésus, en reconnaissance de cette charité infinie que vous avez eue de donner le vôtre pour l'amour de moi.

SUITE DU CANON

Quelles seraient donc désormais ma malice et mon ingratitude, si, après avoir vu ce que je vois, je consentais à vous offenser ! Non, mon Dieu, je n'oublierai jamais ce que vous me représentez par cette auguste cérémonie : les souffrances de votre Passion, la gloire de votre Résurrection, votre corps tout déchiré, votre sang répandu pour nous, réellement présent à mes yeux sur cet autel.

C'est maintenant, éternelle majesté, que nous vous offrons de votre grâce véritablement et proprement la victime pure, sainte et sans tache, qu'il vous a plu de nous donner vous-même, et dont toutes les autres n'étaient que la figure. Oui, grand Dieu, nous osons vous le dire, il y a ici plus que tous les sacrifices d'Abel, d'Abraham et de Melchisedech ; la seule victime digne de votre autel, Notre Seigneur Jésus-Christ votre Fils, l'unique objet de vos éternelles complaisances.

Que tous ceux qui participent ici de la bouche ou du cœur à cette sacrée Victime soient remplis de sa bénédiction.

Que cette bénédiction se répande, ô mon Dieu, sur les âmes des fidèles qui sont morts dans la paix de l'Eglise, et particulièrement sur l'âme de N. et de N. Accordez-leur, Seigneur, en vue de ce sacrifice, la délivrance entière de leurs peines.

Daignez nous accorder un jour aussi cette grâce à nous-mêmes, Père infiniment bon, et faites-nous entrer en société avec les saints Apôtres, les saints Martyrs et tous les Saints, afin que nous puissions vous aimer et vous glorifier éternellement avec eux. Ainsi soit-il.

PATER NOSTER

Que je suis heureux, ô mon Dieu, de vous avoir pour père ! Que j'ai de joie de songer que le ciel où vous êtes, doit être un jour ma demeure ! Que votre saint nom soit glorifié par toute la terre ! Régnez absolument sur tous les cœurs et sur toutes les volontés. Ne refusez pas à vos enfants la nourriture spirituelle et corporelle. Nous pardonnons de bon cœur, pardonnez-nous à notre tour. Soutenez-nous dans les tentations et dans les maux de cette misérable vie ; mais surtout préservez-nous du péché, le plus grand de tous les maux. Ainsi soit-il.

AGNUS DEI

Agnus Dei, qui tollis peccata mundi, miserere nobis. Agnus Dei, qui tollis peccata mundi, miserere nobis. Agnus Dei, qui tollis peccata mundi, dona nobis pacem.

Agneau de Dieu, immolé pour moi, ayez pitié de moi. Victime adorable de mon salut, sauvez-moi. Divin médiateur, obtenez-moi ma grâce auprès de votre Père, donnez-moi votre paix.

COMMUNION

Qu'il me serait doux, ô mon aimable Sauveur, d'être du nombre de ces heureux chrétiens à qui la pureté de conscience et une tendre piété permettent d'approcher tous les jours de votre Sainte Table !

Quel avantage pour moi, si je pouvais en ce moment vous posséder dans mon cœur, vous y rendre mes hommages, vous y exposer mes besoins, et participer aux grâces que vous faites à ceux qui vous reçoivent réellement ! Mais, puisque j'en suis très indigne, suppléez, ô mon Dieu, à l'indisposition de mon âme. Pardonnez-moi tous mes péchés ; je les déteste de tout mon cœur, parce qu'ils vous déplaisent. Recevez le désir sincère que j'ai de m'unir à vous. Purifiez-moi d'un seul de vos regards, et mettez-moi en état de vous bien recevoir au plus tôt.

En attendant cet heureux jour, je vous conjure, Seigneur, de me faire participant des fruits que la communion du prêtre doit produire en tout le peuple fidèle qui est présent à ce sacrifice. Augmentez ma foi par la vertu de ce divin sacrement ; fortifiez mon espérance ; épurez en moi la charité ; remplissez mon cœur de votre amour, afin qu'il ne respire plus que vous, et qu'il ne vive plus que pour vous. Ainsi soit-il.

DERNIÈRE ORAISON

Vous venez, ô mon Dieu, de vous immoler pour mon salut, je veux me sacrifier pour votre gloire. Je suis votre victime, ne m'épargnez point. J'accepte de bon cœur toutes les croix qu'il vous plaira de m'envoyer, je les bénis, je les reçois de votre main, et je les unis à la vôtre.

Je sors purifié de vos saints mystères, je fuirai avec horreur les moindres taches du péché, surtout de celui où mon penchant m'entraîne avec plus de violence. Je serai fidèle à votre loi, et je suis résolu de tout perdre et tout souffrir, plutôt que de la violer.

BÉNÉDICTION

✝ Bénissez, ô mon Dieu, ces saintes résolutions ; bénissez-nous tous par la main de votre ministre, et que les effets de votre bénédiction demeurent éternellement sur nous. Au nom du Père, et du Fils, et du Saint-Esprit. Ainsi soit-il.

DERNIER ÉVANGILE

† Verbe divin, Fils unique du Père, lumière du monde, venue du ciel pour nous en montrer le chemin, ne permettez pas que je ressemble à ce peuple infidèle qui a refusé de vous reconnaître pour le Messie. Ne souffrez pas que je tombe dans le même aveuglement que ces malheureux, qui ont mieux aimé devenir esclaves de Satan que d'avoir part à la glorieuse adoption d'enfants de Dieu, que vous veniez leur procurer.

Verbe fait chair, je vous adore avec le respect le plus profond ; je mets toute ma confiance en vous seul, espérant fermement que, puisque vous êtes mon Dieu, et un Dieu qui s'est fait homme afin de sauver les hommes, vous m'accorderez les grâces nécessaires pour me sanctifier et vous posséder éternellement dans le ciel. Ainsi soit-il.

VI. VÊPRES DE LA SAINTE VIERGE

Aperi... Pater... Ave...
℣ Deus, in adjutorium meum intende.
℟ Domine, ad adjuvandum me festina.
Gloria Patri...
Ant. Dum esset Rex* in acubitu suo, nardus mea dedit odorem suavitatis.

PSALMUS 100

Dixit Dominus Domino meo : * sede a dextris meis.

Donec ponam inimicos tuos, * scabellum pedum tuorum.

Virgam virtutis tuæ emittet Dominus ex Sion ; * dominare in medio inimicorum tuorum.

Tecum principium in die virtutis tuæ in splendoribus sanctorum : * ex utero ante luciferum genui te.

Juravit Dominus, et non pœnitebit eum : * Tu es

sacerdos in æternum, secundum ordinem Melchisedech.

Dominus a dextris tuis, * confregit in die iræ suæ reges.

Judicabit in nationibus, implebit ruinas : * conquassabit capita in terra multorum.

De torrente in via bibet : * propterea exaltabit caput.

Ant. Dum esset Rex in accubitu suo, nardus mea dedit odorem suavitatis.

Ant. Læva ejus * sub capite meo, et dextera illius amplexabitur me.

PSALMUS 112

Laudate, pueri, Dominum : * laudate nomen Domini.

Sit nomen Domini benedictum : * ex hoc nunc et usque in sæculum.

A solis ortu usque ad occasum, * laudabile nomen Domini.

Excelsus super omnes gentes Dominus, * et super cœlos gloria ejus.

Quis sicut Dominus Deus noster, qui in altis habitat, * et humilia respicit in cœlo et in terra ?

Suscitans a terra inopem, * et de stercore erigens pauperem.

Ut collocet eum cum principibus, * cum principibus populi sui.

Qui habitare facit sterilem in domo, * matrem filiorum lætantem.

Ant. Læva ejus sub capite meo, et dextera illius amplexabitur me.

Ant. Nigra sum, * sed formosa, filiæ Jerusalem : ideo dilexit me Rex, et introduxit me in cubiculum suum.

PSALMUS 121

Lætatus sum in his quæ dicta sunt mihi : * In domum Domini ibimus.

Stantes erant pedes nostri, * in atriis tuis Jerusalem.

Jerusalem quæ ædificatur ut civitas ; * cujus participatio ejus in idipsum.

Illuc enim ascenderunt tribus, tribus Domini : * testimonium Israel ad confitendum nomini Domini.

Quia illic sederunt sedes in judicio, * sedes super domum David.

Rogate quæ ad pacem sunt Jerusalem, * et abundantia diligentibus te.

Fiat pax in virtute tua, * et abundantia in turribus tuis.

Propter fratres meos et proximos meos, * loquebar pacem de te.

Propter domum Domini Dei nostri, * quæsivi bona tibi.

Ant. Nigra sum, sed formosa, filiæ Jerusalem; ideo dilexit me Rex, et introduxit me in cubiculum suum.

Ant. Jam hiems transiit, * imber abiit et recessit : surge, amica mea, et veni.

PSALMUS 126

Nisi Dominus ædificaverit domum, * in vanum laboraverunt qui ædificant eam.

Nisi Dominus custodierit civitatem : * frustra vigilat qui custodit eam.

Vanum est vobis ante lucem surgere; * surgite postquam sederitis, qui manducatis panem doloris.

Cum dederit dilectis suis somnum, * ecce hæreditas Domini, filii : merces, fructus ventris.

Sicut sagittæ in manu potentis; * ita filii excussorum.

Beatus vir qui implevit desiderium suum ex ipsis, * non confundetur cum loquetur inimicis suis in porta.

Ant. Jam hiems transiit, imber abiit et recessit : surge, amica mea et veni.

Ant. Speciosa facta es * et suavis in deliciis tuis, sancta Dei Genitrix.

PSALMUS 147

Lauda Jerusalem, Dominum : * lauda Deum tuum, Sion.

Quoniam confortavit seras portarum tuarum : * benedixit filiis tuis in te.

Qui posuit fines tuos pacem, * et adipe frumenti satiat te.

Qui emittit eloquium suum terræ, * velociter currit sermo ejus.

Qui dat nivem sicut lanam, * nebulam sicut cinerem spargit.

Mittit cristallum suam sicut bucellas : * ante faciem frigoris ejus quis sustinebit?

Emittet verbum suum et liquefaciet ea : * flabit spiritus ejus, et fluent aquæ.

Qui annuntiat verbum suum Jacob, * justitias et judicia sua Israel.

Non fecit taliter omni nationi, * et judicia sua non manifestavit eis.

Ant. Speciosa facta es et suavis in deliciis tuis, sancta Dei Genitrix.

Cap. — Ab initio et ante sæcula creata sum, et usque ad futurum sæculum non desinam, et in habitatione sancta coram ipso ministravi.

HYMNUS

Ave, maris stella,
Dei Mater alma,
Atque semper virgo,
Felix cœli porta.

Sumens illud Ave
Gabrielis ore
Funda nos in pace
Mutans Evæ nomen.

Solve vincla reis,
Profer lumen cæcis,
Mala nostra pelle,
Bona cuncta posce.

Monstra te esse matrem,
Sumat per te preces,
Qui pro nobis natus,
Tulit esse tuus.

Virgo singularis,
Inter omnes mitis,
Nos culpis solutos,
Mites fac et castos.

Vitam præsta puram,
Iter para tutum,
Ut videntes Jesum,
Semper collætemur.

Sit laus Deo Patri,
Summo Christo decus,
Spiritui sancto,
Tribus honor unus. — Amen.

℣ Dignare me laudare te, Virgo sacrata.
℟ Da mihi virtutem contra hostes tuos.

Ad Magnif. Ant. Sancta Maria, succurre miseris, juva pusillanimes, refove flebiles, ora pro populo, interveni pro clero, intercede pro devoto femineo sexu : sentiant omnes tuum juvamen, quicumque celebrant tuam sanctam Commemorationem.

CANTICUM B. M.

Magnificat * anima mea Dominum :
Et exultavit spiritus meus * in Deo salutari meo.
Quia respexit humilitatem ancillæ suæ : * ecce enim ex hoc beatam me dicent omnes generationes.
Quia fecit mihi magna qui potens est, * et sanctum nomen ejus.
Et misericordia ejus a progenie in progenies * timentibus eum.
Fecit potentiam in brachio suo * dispersit superbos mente cordis sui.
Deposuit potentes de sede, * et exaltavit humiles.
Esurientes implevit bonis, * et divites dimisit inanes.
Suscepit Israël puerum suum, * recordatus misericordiæ suæ.
Sicut locutus est ad patres nostros, * Abraham et semini ejus in sæcula.
Gloria Patri.
Ant. Sancta Maria, etc.

ORATIO

Concede nos famulos tuos, quæsumus, Domine Deus, perpetua mentis et corporis sanitate gaudere : et gloriosa beatæ Mariæ semper Virginis intercessione, a præsenti liberari tristitia, et æterna perfui lætitia. Per Dominum.

ANTIPHONA

Salve, Regina, Mater misericordiæ; vita, dulcedo et spes nostra, salve. Ad te clamamus, exsules, filii Evæ. Ad te suspiramus, gementes et flentes in hac lacrymarum valle. Eia ergo, advocata nostra, illos tuos misericordes oculos ad nos converte! Et Jesum, benedictum fructum ventris tui, nobis post hoc exsilium ostende. O clemens, o pia, o dulcis Virgo Maria!

℣ Ora pro nobis sancta Dei Genitrix.

℟ Ut digni efficiamur promissionibus Christi.

Oremus.

Omnipotens sempiterne Deus, qui gloriosæ Virginis Matris Mariæ corpus et animam, ut dignum Filii tui habitaculum effici mereretur, Spiritu sancto cooperante, præparasti : da, ut cujus commemoratione lætamur, ejus pia intercessione ab instantibus malis et a morte perpetua liberemur. Per eumdem Christum Dominum nostrum.

Amen.

℣ Divinum auxilium maneat semper nobiscum.

℟ Amen.

VII. OFFICE DE LA FÊTE DE L'APPARITION DE LA B. V. MARIE IMMACULÉE

Premières Vêpres.

1ᵃ Ant. Candor est lucis æternæ, et speculum sine maculâ. — *Dixit Dominus.*

1ʳᵉ Ant. ELLE est la splendeur de la lumière éternelle, et un miroir sans tache.

2ª Ant. Muller amicta sole, et luna sub pedibus ejus, et in capite ejus corona stellarum duodecim. — *Laudate, pueri.*

2ᵉ Ant. Une femme est apparue, ayant le soleil pour vêtement, avec la lune sous ses pieds et une couronne de douze étoiles sur sa tête.

3ª Ant. Tu gloria Jerusalem, tu lætitia Israël, tu honorificentia populi nostri. — *Lætatus sum.*

3ᵉ Ant. Vous êtes la gloire de Jérusalem, vous êtes la joie d'Israël, vous êtes l'honneur de notre peuple.

4ª Ant. Benedicta es tu, Virgo Maria, a Domino Deo excelso, præ omnibus mulieribus super terram. — *Nisi Dominus.*

4ᵉ Ant. Vous êtes bénie, ô Vierge Marie, par le Seigneur Dieu Très Haut, par dessus toutes les femmes de la terre.

5ª Ant. Hodie nomen tuum ita magnificavit Dominus, ut non recedat laus tua de ore hominum. — *Lauda Jerusalem.*

5ᵉ Ant. Le Seigneur, en ce jour, a tant glorifié votre nom, que votre louange ne cesse plus de se faire entendre sur les lèvres des hommes.

CAPITULE (*Du Cantique des Cantiques, II*).

Surge, amica mea, speciosa mea, et veni; columba mea, in foraminibus petræ, in caverna maceriæ, ostende mihi faciem tuam, sonet vox tua in auribus meis!

Levez-vous, ma bien-aimée, mon unique beauté, et venez : ma colombe, vous qui vous retirez dans le creux de la pierre, dans les enfoncements de la muraille, montrez-moi votre visage, que votre voix se fasse entendre à mes oreilles !

HYMNE

Ave, maris stella, etc.

Salut, étoile de la mer, etc.

A MAGNIFICAT

Ant. Ista est columba mea, perfecta mea, immaculata mea. — *Magnificat.*

Voici celle qui est ma colombe, ma perfection, mon immaculée.

ORAISON

Deus, qui per Immaculatam, etc.

O Dieu, qui, etc. (*Comme à la Messe.*)

Messe.

INTROIT: *Apoc. XXI, 2.*

Vidi civitatem sanctam, Jerusalem novam, descendentem de cœlo a Deo, paratam sicut sponsam ornatam viro suo.

Ps. 44. Eructavit cor meum verbum bonum; dico ego opera mea regi. — *Gloria Patri...*

J'ai vu la cité sainte, la Jérusalem nouvelle, descendant du ciel, venant de Dieu, dans l'appareil d'une épouse parée pour son époux.

Mon cœur a proféré une parole excellente; je consacre mes œuvres au Roi. — ℣ Gloire au Père...

ORAISON

Deus, qui per Immaculatam Virginis Conceptionem dignum Filio tuo habitaculum præparasti : supplices a te quæsumus, ut ejusdem Virginis apparitionem celebrantes, salutem mentis et corporis consequamur. *Per eumdem...*

O Dieu, qui par l'Immaculée Conception de la Vierge, avez préparé à votre Fils une demeure digne de lui : accordez-nous, nous vous en supplions, d'obtenir, en célébrant l'Apparition de la même Vierge, le salut de l'âme et du corps. Par le même...

ÉPITRE

Lectio libri Apocalypsis beati Joannis Apostoli. (*Apocalypse XI, 19; XII, 1 10.*)

Apertum est templum Dei in cœlo : et visa est arca testamenti ejus in templo ejus, et facta sunt fulgura, et voces, et terræ motus, et grando magna. Et signum magnum apparuit in cœlo : Mulier amicta sole, et luna sub pedibus ejus, et in capite ejus corona stellarum duodecim. Et audivi vocem magnam in cœlo dicentem : Nunc facta est salus et vir-

Lecture du livre de l'Apocalypse du Bienheureux Apôtre Jean.

Le temple de Dieu s'ouvrit dans le ciel, et l'on vit l'arche de son alliance dans son temple, et il se fit des éclairs, et des voix, et un tremblement de terre et une grêle effroyable. Et un grand prodige parut dans le ciel : Une femme revêtue du soleil, ayant la lune sous ses pieds et sur sa tête une couronne de douze étoiles. Et j'entendis une grande voix

tus et regnum Dei nostri et potestas Christi ejus.

dans le ciel disant : Maintenant ont été établis le salut et la force et le royaume de notre Dieu et la puissance de son Christ.

GRADUEL (*Cantiques des Cantiques, II.*)

Flores apparuerunt in terrâ nostrâ, tempus putationis advenit, vox turturis audita est in terra nostrâ.

℣ Surge, amica mea, speciosa mea, et veni : Columba mea, in foraminibus petræ, in cavernâ maceriæ. Alleluia. Alleluia.

℣ Ostende mihi faciem tuam, sonet vox tua in auribus meis : vox enim tua dulcis, et facies tua decora. Alleluia.

Les fleurs ont paru sur notre terre ; le temps de tailler les arbres est venu; la voix de la tourterelle a été entendue sur notre terre.

℣ Levez-vous, ma bien-aimée, ma toute belle, et venez, ma colombe, qui vous retirez dans les creux de la pierre, dans les enfoncements de la muraille. Alleluia, Alleluia.

℣ Montrez-moi votre visage; que votre voix se fasse entendre à mon oreille; car votre voix est douce, et votre visage plein de beauté. Alleluia.

ÉVANGILE

✝ Sequentia sancti Evangelii secundum Lucam (S. Luc, I.)

In illo tempore : Missus est Angelus Gabriel a Deo in civitatem Galilææ, cui nomen Nazareth, ad Virginem desponsatam viro cui nomen erat Joseph, de domo David, et nomen Virginis Maria. Et ingressus Angelus ad eam dixit : Ave gratia plenâ; Dominus tecum; Benedicta tu in mulieribus. Quæ cum audisset, turbata est in sermone ejus, et cogitabat qualis esset ista salutatio. Et ait Angelus ei :

En ce temps-là, l'ange Gabriel fut envoyé de Dieu dans une ville de Galilée, nommée Nazareth, vers une Vierge mariée à un homme de la maison de David, qui s'appelait Joseph. Le nom de la Vierge était Marie. Etant donc entré où elle était, l'Ange lui dit: Je vous salue, pleine de grâce; le Seigneur est avec vous; vous êtes bénie entre toutes les femmes. Marie, l'ayant entendu, fut troublée de ses paroles, et elle se demandait en elle-même ce que pouvait être une semblable Salutation.

Ne timeas, Maria, invenisti enim gratiam apud Deum : ecce concipies in utero, et paries filium, et vocabis nomen ejus Jesum.

CREDO.

Aussitôt l'Ange lui dit : N'ayez nulle crainte, Marie; car vous avez trouvé grâce devant Dieu. Voici que vous concevrez en votre sein et enfanterez un fils, et vous l'appellerez du nom de Jésus.

CREDO.

OFFERTOIRE (S. Luc, I.)

Ave, gratiâ plena, Dominus tecum, benedicta tu in mulieribus.

Je vous salue, pleine de grâce; le Seigneur est avec vous; vous êtes bénie entre toutes les femmes.

SECRÈTE

Hostia laudis, quam tibi, Domine, per merita gloriosæ et Immaculatæ Virginis, offerimus, sit tibi in odorem suavitatis, et nobis optatam conferat corporis et animæ sanitatem. Per Dominum...

Que l'hostie de louange, dont nous vous faisons, Seigneur, l'oblation, par les mérites de la glorieuse et Immaculée Vierge, vous soit à vous en odeur de suavité, et nous confère, à nous, la santé du corps et de l'âme, objet de nos vœux. Par Notre Seigneur.

COMMUNION (Ps. LXIV.)

Visitasti terram et inebriasti eam; multiplicasti locupletare eam.

Vous avez visité la terre et l'avez abreuvée de vos grâces; vous l'avez comblée de richesses.

POSTCOMMUNION

Quos cœlesti, Domine, alimento satiasti, sublevet dextera Genitricis tuæ Immaculatæ, ut ad æternam patriam, ipsâ adjuvante, pervenire mereamur : Qui vivis...

Que la droite de votre Mère Immaculée, Seigneur, soutienne ceux que vous avez rassasiés de l'aliment céleste, afin que, par son aide, nous méritions d'arriver à l'éternelle patrie : Vous qui vivez...

Secondes Vêpres.

Tout comme aux Premières, sauf ce qui suit.

HYMNE

Omnis expertem maculæ Mariam,
Edocet summus fidei magister;
Virginis gaudens celebrat fidelis
Terra triumphum.

Le Maître suprême de la foi enseigne que Marie est exempte de toute tache ; la terre, au comble de la joie, célèbre le triomphe de la Vierge fidèle.

Ipsa se præbens humili puellæ.
Virgo spectandam, recreat paventem,
Seque conceptam sine labe sancto.
Prædicat ore.

La Vierge se montrant elle-même aux regards d'une humble enfant, la rassure dans son trouble, et de sa bouche sainte se proclame l'Immaculée Conception.

O specus felix, decorate divæ
Matris aspectu! Veneranda rupes,
Unde vitales scatuere pleno
Gurgite lymphæ.

O heureuse grotte, illustrée par l'apparition de la Mère de Dieu! Rocher vénérable, du sein duquel ont jailli à flots pressés les eaux qui donnent la vie.

Huc catervatim pia turba nostris,
Huc ab externis peregrina terris
Affluit supplex, et opem potentis
Virginis orat.

Ici se pressent en foule les pieux habitants du pays; ici viennent de l'étranger des troupes suppliantes de pèlerins : et tous y implorent le secours de la Vierge puissante.

Excipit Mater lacrymas precantum,
Donat optatam miseris salutem ;
Compos hinc voti patrias ad oras
Turba revertit.

La céleste Mère y reçoit les larmes de ceux qui viennent la prier ; elle accorde aux malheureux la santé qu'ils demandent ; la foule s'en retourne, ses vœux comblés, aux lieux d'où elle est venue.

Supplicum, Virgo, miserata casus,
Semper ô nostros refove labores,
Impetrans mœstis bona sempiternœ
  Gaudia vitœ.

Prenez pitié, ô Vierge, des maux de ceux qui vous prient; soutenez-nous toujours dans nos peines; obtenez aux affligés les joies véritables de l'éternelle vie.

Sit decus Patri, genitœque Proli,
Et tibi compar utriusque virtus.
Spiritus semper, Deus unus omni
  Temporis œvo. Amen.

Gloire au Père, gloire au Fils engendré de lui, gloire pareille à vous, Esprit de l'un et de l'autre, égal à eux, et avec eux un seul Dieu, durant toute l'éternité. Ainsi soit-il.

A MAGNIFICAT

Ant. Hodie gloriosa cœli Regina in terris apparuit; hodie populo suo verba salutis et pignora pacis attulit; hodie Angelorum et fidelium chori Immaculatam Conceptionem celebrántes gaudio exultant. Alleluia!

Ant. En ce jour, la glorieuse Reine du ciel est apparue sur la terre; en ce jour, elle a apporté à son peuple des paroles de salut et des gages de paix; les chœurs des Anges et des fidèles tressaillent de joie en célébrant l'Immaculée-Conception. Gloire à Dieu!

VIII. PRIÈRES

Pour le Salut du Saint Sacrement.

HYMNE

Pange, lingua, gloriosi
Corporis Mysterium
Sanguinisque pretiosi,
Quem in mundi pretium
Fructus ventris generosi,
Rex effudit gentium.

Nobis datus, nobis natus
Ex intacta Virgine,

Et in mundo conversatus,
Sparso Verbi semine,
Sui moras incolatus
Miro clausit ordine.

In supremæ nocte cœnæ
Recumbens cum fratribus,
Observata lege plene,
Cibis in legalibus,
Cibum turbæ duodenæ
Se dat suis manibus.

Verbum caro panem verum
Verbo carnem efficit,
Fitque sanguis Christi merum ;
Et si sensus deficit,
Ad firmandum cor sincerum
Sola fides sufficit.

Tantum ergo Sacramentum
Veneremur cernui ;
Et antiquum documentum
Novo cedat ritui,
Præstet fides supplementum
Sensuum defectui.

Genitori Genitoque
Laus et jubilatio :
Salus, honor, virtus quoque,
Sit et benedictio :
Procedenti ab utroque,
Compar sit laudatio. — Amen.

℣ Panem de cœlo præstitisti eis,
℞ Omne delectamentum in se habentem.

Oremus.

Deus, qui nobis sub Sacramento mirabili passionis tuæ memoriam reliquisti ; tribue quæsumus, ita nos Corporis et Sanguinis tui sacra mysteria venerari, ut redemptionis tuæ fructum in nobis jugiter sentiamus. Qui vivis.

4

O sacrum convivium, in quo Christus sumitur, recolitur memoria passionis ejus, mens impletur gratia, et futuræ gloriæ nobis pignus datur. Alleluia.

O Salutaris Hostia,
Quæ cœli pandis ostium !
Bella premunt hostilia,
Da robur fer auxilium.

Uni trinoque Domino
Sit sempiterna gloria,
Qui vitam sine termino
Nobis donet in patria. Amen.

Ave, verum Corpus natum
De Maria Virgine,
Vere passum, immolatum
In cruce pro homine ;
Cujus latus perforatum
Fluxit aqua et sanguine.
Esto nobis prægustatum
Mortis in examine,
O Jesu dulcis !
O Jesu pie !
O Jesu fili Mariæ !
Tu nobis miserere. Amen.

Panis angelicus fit panis hominum,
Dat panis cœlicus figuris terminum.
O res mirabilis ! manducat Dominum
Pauper servus et humilis

Te, trina Deitas unaque, poscimus,
Sic nos tu visita, sicut te colimus,
Per tuas semitas duc nos quo tendimus,
Ad lucem quam inhabitas. Amen.

Adoro te devote, latens Deitas,
Quæ sub his figuris vere latitas :

Tibi se cor meum totum subjicit,
Quia te contemplans totum deficit.

Jesu, quem velatum nunc aspicio,
Oro, fiat illud quod tam sitio,
Ut te revelata cernens facie
Visu sim beatus tuæ gloriæ. Amen.

Laudate Dominum, omnes gentes, * laudate eum
omnes populi.
Quoniam confirmata est super nos misericordia
ejus, * et veritas Domini manet in æternum.
Gloria Patri, et Filio, * et Spiritui sancto.
Sicut erat in principio, et nunc, et semper, * et in
sæcula sæculorum. Amen.

Parce, Domine, parce populo tuo ; ne in æternum
irascaris nobis. (*Trois fois.*)

Cor Jesu sacratissimum, miserere nobis. (*Trois fois.*)

ANTIENNES A LA SAINTE VIERGE

Sub tuum præsidium confugimus, sancta Dei Genitrix ; nostras deprecationes ne despicias in neces-
sitatibus, sed a periculis cunctis libera nos semper,
Virgo gloriosa et benedicta.

Inviolata, integra et casta es, Maria,
Quæ es effecta fulgida cœli porta.
O mater alma Christi carissima !
Suscipe pia laudum præconia,
Quæ nunc devota flagitant corda et ora,
Nostra ut pura pectora sint et corpora.
Tua per precata dulcisona,
Nobis concedas veniam per sæcula.
O benigna ! o Regina ! o Maria !
Quæ sola inviolata permansisti. Amen.

PRIÈRE DE SAINT BERNARD A LA SAINTE VIERGE

Memorare, ô piissima Virgo Maria! nunquam esse auditum a sæculo, quemquam ad tua currentem præsidia, tua implorantem auxilia, tua petentem suffragia, esse derelictum. Ego tali animatus fiducia, ad te, Virgo virginum, Mater, curro, ad te confugio, et coram te gemens peccator assisto : noli, Mater Verbi, verba mea despicere, sed audi propitia, et exaudi.

Souvenez-vous, ô très miséricordieuse Vierge Marie, qu'on n'a jamais ouï dire qu'aucun de ceux qui ont eu recours à votre protection, imploré votre secours et demandé vos suffrages ait été abandonné. Animé d'une pareille confiance, ô Vierge des vierges! je cours à vous, et gémissant sous le poids de mes péchés, je me prosterne à vos pieds. O Mère du Verbe! ne méprisez pas mes prières, mais écoutez-les favorablement, et daignez les exaucer.

℣ Ora pro nobis, sancta Dei Genitrix.
℟ Ut digni efficiamur promissionibus Christi.

Oremus.

Famulorum tuorum, quæsumus, Domine, delictis ignosce : ut qui tibi placere de actibus nostris non valemus, Genitricis Filii tui Domini nostri intercessione salvemur. Per eumdem Christum...

ORAISON CONTRE LES PERSÉCUTEURS DE L'ÉGLISE

℣ Salvum fac populum tuum, Domine.
℟ Et benedic hæreditati tuæ.

Oremus.

Ecclesiæ tuæ, quæsumus, Domine preces placatus admitte : ut, destructis adversitatibus et erroribus universis, secura tibi serviat libertate. Per Dominum.

POUR LE PAPE

℣ Oremus pro Pontifice nostro Leone.

℟ Dominus conservet cum, et vivificet cum, et beatum faciat eum in terra, et non tradat eum in animam inimicorum ejus.

Oremus.

Deus, omnium fidelium pastor et rector, famulum tuum Leonem, quem pastorem Ecclesiæ tuæ præesse voluisti, propitius respice : da ei, quæsumus, verbo et exemplo, quibus præest proficere, ut ad vitam, una cum grege sibi credito, perveniat sempiternam. Per Christum Dominum nostrum.

HYMNE AU SAINT-ESPRIT

Veni, Creator Spiritus,
Mentes tuorum visita :
Imple superna gratia,
Quæ tu creasti pectora.

Qui diceris Paraclitus,
Altissimi donum Dei,
Fons vivus, ignis, caritas,
Et Spiritalis unctio.

Tu septiformis munere,
Digitus paternæ dexteræ,
Tu, rite promissum Patris,
Sermone ditans guttura.

Accende lumen sensibus ;
Infunde amorem cordibus ;
Infirma nostri corporis
Virtute firmans perpeti.

Hostem repellas longius,
Pacemque dones protinus,
Ductore sic te prævio,
Vitemus omne noxium.

Per te sciamus da Patrem,
Noscamus atque Filium,
Teque utriusque Spiritum
Credamus omni tempore.

Deo Patri sit gloria,
Ejusque soli Filio
Cum Spiritu Paraclito,
Nunc et per omne sæculum. Amen.

℣ Emitte Spiritum tuum et creabuntur.
℟ Et renovabis faciem terræ.

Oremus.

Deus qui corda fidelium sancti Spiritus illustratione docuisti, da nobis in eodem Spiritu recta sapere, et de ejus semper consolatione gaudere. Per Christum Dominum nostrum.

CANTIQUE D'ACTIONS DE GRACES

Te Deum laudamus, * te Dominum confitemur,
Te æternum Patrem, * omnis terra veneratur.
Tibi omnes angeli, * tibi cœli et universæ potestates,
Tibi Cherubim et Seraphim * incessabili voce proclamant :
Sanctus,
Sanctus,
Sanctus, Dominus * Deus Sabaoth,
Pleni sunt cœli et terra * majestatis gloriæ tuæ.
Te gloriosus * Apostolorum chorus,
Te Prophetarum * laudabilis numerus,
Te Martyrum candidatus * laudat exercitus.
Tu per orbem terrarum * sancta confitetur Ecclesia.
Patrem * immensæ majestatis,
Venerandum tuum verum * et unicum Filium.
Sanctum quoque * Paraclitum Spiritum.
Tu Rex gloriæ, Christe !
Tu Patris * sempiternus es Filius.
Tu, ad liberandum suscepturus hominem, * non horruisti Virginis uterum.
Tu, devicto mortis aculeo, * aperuisti credentibus regna cœlorum.
Tu ad dexteram Dei sedes * in gloria Patris.

Judex crederis * esse venturus.

Te ergo, quæsumus, famulis tuis subveni, * quos pretioso sanguine redemisti.

Æterna fac * cum sanctis tuis in gloria numerari.

Salvum fac populum tuum, Domine : * et benedic hæreditati tuæ.

Et rege eos, * et extolle illos usque in æternum.

Per singulos dies * benedicimus te.

Et laudamus nomen tuum in sæculum, * et in sæculum sæculi.

Dignare, Domine, die isto, * sine peccatos nos custodire.

Miserere nostri, Domine, * miserere nostri.

Fiat misericordia tua, Domine, super nos * quemadmodum speravimus in te.

In te, Domine speravi : * non confundar in æternum.

℣ Benedicamus Patrem, et Filium, cum sancto Spiritu.

℟ Laudemus et superexaltemus cum in sæcula.

Oremus.

Deus, cujus, misericordiæ non est numerus et bonitatis infinitus est thesaurus, piissimæ majestati tuæ pro collatis donis gratias agimus, tuam semper clementiam exorantes ; ut, qui petentibus postulata concedis, eosdem non deserens, ad præmia futura disponas. Per Dominum.

IX. LITANIES DES SAINTS

Kyrie eleison.
Christe eleison.
Kyrie eleison.
Christe, audi nos.
Christe, exaudi nos.
Pater de cœlis, Deus, miserere nobis.
Fili, Redemptor mundi, Deus, miserere nobis.

Spiritus Sancte, Deus, miserere nobis.
Sancta Trinitas, unus Deus, miserere nobis.
Sancta Maria, ora pro nobis,
Sancta Dei Genitrix, ora pro nobis.
Sancta Virgo virginum, ora pro nobis.

Sancte Michael, ora pro nobis.

Sancte Gabriel, ora pro nobis.

Sancte Raphael, ora pro nobis.

Omnes Sancti Angeli et Archangeli, orate pro nobis.

Omnes sancti beatorum Spirituum ordines, orate pro nobis.

Sancte Joannes Baptista, ora pro nobis.

Sancte Joseph, ora pro nobis.

Omnes sancti Patriarchæ et prophetæ, orate pro nobis.

Sancte Petre, ora pro nobis.

Sancte Paule, —

Sancte Jacobe —

Sancte Joannes, —

Sancte Thoma, —

Sancte Philippe, —

Sancte Bartholomæe, ora pro nobis,

Sancte Mathæe, ora pro nobis.

Sancte Simon, ora pro nobis.

Sancte Taddæe, —

Sancte Mathia, —

Sancte Barnaba, —

Sancte Luca, —

Sancte Marce, —

Omnes sancti Apostoli et Evangelistæ, orate pro nobis.

Omnes sancti Discipuli Domini, orate pro nobis.

Omnes sancti Innocentes, orate pro nobis.

Sancte Stephane, ora pro nobis.

Sancte Laurenti, ora pro nobis.

Sancte Vincenti, ora pro nobis.

Sancti Fabiane et Sebastiane, orate pro nobis.

Sancti Joannes et Paule, orate pro nobis.

Sancti Cosma et Damiane, orate pro nobis.

Sancti Gervasi et Protasi, orate pro nobis.

Omnes sancti Martyres, orate pro nobis.

Sancte Sylvester, ora pro nobis.

Sancte Gregori, ora pro nobis.

Sancte Ambrosi, ora pro nobis.

Sancte Augustine, ora pro nobis.

Sancte Hieronyme, ora pro nobis.

Sancte Martine, ora pro nobis.

Sancte Nicolae, ora pro nobis.

Omnes sancti Pontifices et Confessores, orate pro nobis.

Omnes sancti Doctores, orate pro nobis.

Sancte Antoni, ora pro nobis.

Sancte Benedicte, ora pro nobis.

Sancte Bernarde, ora pro nobis.

Sancte Dominice, ora pro nobis.

Sancte Francisce, ora pro nobis.

Omnes sancti Sacerdotes et Levitæ, orate pro nobis.

Omnes sancti Monachi et Eremitæ, orate pro nobis.

Sancta Maria Magdelena, ora pro nobis.

Sancta Agatha, ora pro nobis.

Sancta Lucia, ora pro nobis,
Sancta Agnes, —
Sancta Cæcilia, —
Sancta Catharina, —
Sancta Anastasia, —
Omnes sanctæ Virgines et
 Viduæ, orate pro nobis.
Omnes sancti et sanctæ
 Dei, intercedite pro nobis.
Propitius esto, parce nobis,
 Domine.
Propitius esto, exaudi nos,
 Domine.
Ab omni malo, libera nos,
Ab omni peccato, libera nos,
Ab ira tua, libera nos, D.
A subitanea et improvisa
 morte, libera nos, Dom.
Ab insidiis diaboli, libera
Ab ira, et odio, et omni mala
 voluntate, libera nos, D.
A spiritu fornicationis, lib.
A fulgure et tempeste, lib.
A morte perpetua, libera
Per mysterium sanctæ In-
 carnationis tuæ, libera
Per adventum tuum, libera
Per Nativitatem tuam, libera
Per Baptismum et sanctum
 Jejunium tuum, libera
Per Crucem et Passionem
 tuam, libera nos, Domine.
Per Mortem et Sepulturam
 tuam, libera nos, Domine.
Per sanctam Resurrectio-
 nem tuam, lib. nos, Dom.
Per admirabilem Ascensio-
 nem tuam, lib. nos Dom.
Per adventum Spiritus
 sancti Paracliti, libera
In die judicii, lib. nos Dom.
Peccatores, te rogamus,
 audi nos.
Ut nobis parcas, te rogamus,
 audi nos.
Ut nobis indulgeas, te rog.

Ut ad veram pœnitentiam
 nos perducere digneris,
Ut Ecclesiam tuam sanctam
 regere et conservare digneris,
Ut domnum apostolicum et
 omnes ecclesiasticos or-
 dines in sancta religione
 conservare digneris,
Ut inimicos sanctæ Eccle-
 siæ humiliare digneris,
Ut cuncto populo christiano
 pacem et unitatem largiri
 digneris,
Ut nosmetipsos in tuo
 sancto servitio confor-
 tare et conservare di-
 gneris,
Ut mentes nostras ad cœ-
 lestia desideria erigas,
Ut omnibus benefactoribus
 nostris sempiterna bona
 retribuas,
Ut animas nostras, fratrum,
 propinquorum et bene-
 factorum nostrorum ab
 æterna damnatione eri-
 pias,
Ut fructus terræ dare et
 conservare digneris,
Ut omnibus fidelibus de-
 functis requiem æternam
 donare digneris,
Ut nos exaudire digneris,
Fili Dei, te rogamus, audi
 nos.
Agnus Dei, qui tollis peccata mundi, parce nobis,
 Domine.
Agnus Dei, qui tollis peccata mundi, exaudi nos,
 Domine.
Agnus Dei, qui tollis peccata mundi, miserere no-
 bis.
Christe, audi nos.

Christe, exaudi nos.
Kyrie, eleison.
Christe, eleison.
Kyrie, eleison.

Pater noster, etc.
℣ Et ne nos inducas in ten-
tationem.
℟ Sed libera nos a malo.

PSALMUS 69

Deus, in adjutorium meum intende : * Domine,
ad adjuvandum me festina.

Confundantur et revereantur, * qui quærunt
animam meam.

Avertantur retrorsum et erubescant, * qui vo-
lunt mihi mala.

Avertantur statim erubescentes, * qui dicunt
mihi : Euge, euge.

Exultent et lætentur in te omnes qui quærunt
te, et dicant semper : * Magnificetur Dominus, qui
diligunt salutare tuum.

Ego vero egenus et pauper sum : * Deus, adjuva me.

Adjutor meus et liberator meus es tu : * Domine,
ne moreris.

Gloria Patri.

℣ Salvos fac servos tuos.

℟ Deus meus, sperantes in te.

℣ Esto nobis, Domine, turris fortitudinis;

℟ A facie inimici.

℣ Nihil proficiat inimicus in nobis;

℟ Et filius iniquitatis non aponat nocere nobis.

℣ Domine, non secundum peccata nostra facias
nobis.

℟ Neque secundum iniquitates nostras retribuas
nobis.

℣ Oremus pro pontifice nostro Leone.

℟ Dominus conservet eum et vivificet eum, et
beatum faciat eum in terra, et non tradat eum in
animam inimicorum ejus.

℣ Oremus pro benefactoribus nostris.

℟ Retribuere dignare, Domine, omnibus nobis bona
facientibus propter nomen tuum, vitam æternam.
Amen.

℣ Oremus pro fidelibus defunctis.

℟ Requiem æternam dona eis, Domine, et lux perpetua luceat eis.

℣ Requiescant in pace.

℟ Amen.

℣ Oremus pro fratribus nostris absentibus.

℟ Salvos fac servos tuos, Deus meus sperantes in te.

℣ Mitte eis, Domine, auxilium de sancto.

℟ Et de Sion tuere eos.

℣ Domine, exaudi orationem meam.

℟ Et clamor meus ad te veniat.

℣ Dominus vobiscum.

℟ Et cum spiritu tuo.

Oremus.

Deus cui proprium est misereri semper et parcere, suscipe deprecationem nostram : ut nos, et omnes famulos tuos, quos delictorum catena constringit, miseratio tuæ pietatis clementer absolvat.

Exaudi quæsumus, Domine, supplicum preces, et confitentium tibi parce peccatis, ut pariter nobis indulgentiam tribuas benignus et pacem.

Ineffabilem nobis, Domine, misericordiam tuam clementer ostende : ut simul nos et a peccatis omnibus exuas, et a pœnis quas pro his meremur eripias.

Deus, qui culpa offenderis, pœnitentia placaris, preces populi tui supplicantis propitius respice ; et flagella tuæ iracundiæ, quæ pro peccatis nostris meremur, averte.

Omnipotens sempiterne Deus ; miserere famulo tuo Pontifici nostro Leoni, et dirige eum secundum tuam clementiam in viam salutis æternæ ; ut, te donante, tibi placita cupiat, et tota virtute perficiat.

Deus, a quo sancta desideria, recta concilia, et justa sunt opera : da servis tuis illam quam mundus dare non potest pacem, ut et corda nostra mandatis tuis dedita, et hostium sublata formidine, tempora sint tua protectione tranquilla.

Ure igne Sancti Spiritus renes nostros, et cor nos-

trum, Domine; ut tibi casto corpore serviamus et
mundo corde placeamus.

Fidelium, Deus, omnium conditor et redemptor,
animabus famulorum famularumque tuarum remissionem cunctorum tribue peccatorum; ut indulgentiam quam semper optaverunt, piis supplicationibus
consequantur.

Actiones nostras, quæsumus, Domine, aspirando
præveni, et adjuvando prosequere : ut cuncta nostra
oratio et operatio a te semper incipiat, et per te
cœpta finiatur.

Omnipotens sempiterne Deus, qui vivorum domi-
naris simul et mortuorum, omniumque misereris,
quos tuos fide et opere futuros esse prænoscis, te
supplices exoramus : ut pro quibus effundere preces
decrevimus, quosque vel præsens sæculum adhuc
in carne retinet, vel futurum jam exutos corpore
suscepit, intercedentibus omnibus sanctis tuis, pietatis tuæ clementia, omnium delictorum suorum
veniam consequantur. Per Dominum.

℣ Dominus vobiscum.
℟ Et cum spiritu tuo.
℣ Exaudiat nos omnipotens et misericors Dominus.
℟ Amen.
℣ Fidelium animæ per misericordiam Dei requies-
cant in pace. ℟ Amen.

PSAUME MISERERE

Miserere mei Deus, * secundum magnam misericordiam tuam.

Et secundum multitudinem miserationum tuarum,*
dele iniquitatem meam.

Amplius lava me ab iniquitate mea,* et a peccato
meo munda me.

Quoniam iniquitatem meam ego cognosco, * et
peccatum meum contra me est semper.

Tibi soli peccavi, et malum coram te feci,* ut
justificeris in sermonibus tuis, et vincas cum judi-
caris.

Ecce enim in iniquitatibus conceptus sum, * et in peccatis concepit me mater mea.

Ecce enim veritatem dilexisti : * incerta et occulta sapientiæ tuæ manifestasti mihi.

Asperges me hyssopo, et mundabor, * lavabis me et super nivem dealbabor.

Auditui meo dabis gaudium et lætitiam, * et exultabunt ossa humiliata.

Averte faciem tuam a peccatis meis, * et omnes iniquitates meas dele.

Cor mundum crea in me, Deus,* et spiritum rectum innova in visceribus meis.

Ne projicias me a facie tua, * et spiritum sanctum tuum ne auferas a me.

Redde mihi lætitiam salutaris tui, * et spiritu principali confirma me.

Docebo iniquos vias tuas, * et impii ad te convertentur.

Libera me de sanguinibus, Deus, Deus salutis meæ, * et exultabit lingua mea justitiam tuam.

Domine, labia mea aperies, * et os meum annuntiabit laudem tuam.

Quoniam si voluisses sacrificium, dedissem utique; * holocaustis non delectaberis.

Sacrificium Deo spiritus contribulatus ; * cor contritum et humiliatum, Deus, non despicies.

Benigne fac, Domine, in bona voluntate tua Sion,* ut ædificentur muri Jerusalem.

Tunc acceptabis sacrificium justitiæ oblationes et holocausta; tunc imponent super altare tuum vitulos.

Gloria Patri, etc.

℣ Domine, non secundum peccata nostra retribuas nobis.

℟ Neque secundum iniquitates nostras facias nobis.

Oremus.

Deus, qui culpa offenderis, pœnitentia placaris; preces populi tui supplicantis propitius respice; et flagella tuæ iracundiæ quæ pro peccatis nostris meremur, averte. Per Christum.

X. LE SAINT ROSAIRE

I, *Ce qu'il est*. — Le Rosaire est une admirable dévotion inspirée par la très Sainte Vierge à saint Dominique, au commencement du XIIIe siècle.

Cette dévotion consiste à réciter quinze dizaines d'*Ave Maria*, chacune précédée d'un *Pater* et suivie d'un *Gloria Patri*, en joignant à cette récitation la méditation des quinze principaux mystères de la vie de Jésus et de Marie.

Les quinze dizaines du Rosaire sont divisées en trois séries ou *chapelets*, composées chacune de cinq dizaines, auxquelles correspondent cinq des principaux mystères de notre foi.

On ne peut pas substituer à la méditation de ces quinze mystères des considérations sur d'autres sujets pieux qui ne s'y rattachent pas directement (S. Cong. Ind. 13 août 1726.)

II, *Son excellence*. — Partout où fleurit la piété, le Rosaire se retrouve, et il doit avoir une des premières places dans le cœur des pèlerins de Lourdes, où Marie apparut le Rosaire à la main, apprenant et encourageant Bernadette à le dire.

III. *Son opportunité*. — De même qu'il fut donné par la Mère de Dieu à saint Dominique pour l'aider à vaincre les Albigeois, qui étaient alors les ennemis les plus redoutables de l'Eglise et de la France, de même nous a-t-il été présenté par Marie à la Grotte de Lourdes pour être notre arme victorieuse contre les ennemis des temps modernes, la Révolution et la Franc-Maçonnerie.

Pie IX, de sainte mémoire, disait : *Je fonde sur le Rosaire mes plus chères espérances pour le triomphe de la sainte Eglise*. Tous les ans, S. S. Léon XIII insiste avec toute son autorité suprême sur cette incomparable dévotion : *Nous exhortons tous les fidèles*, dit-il, *nous les conjurons de prendre ou de conserver la pieuse habitude de réciter chaque jour le Rosaire. Nous avons aujourd'hui autant besoin du secours divin qu'à l'époque où le grand Dominique leva l'étendard du Rosaire de Marie, dans le but de guérir les maux de son époque.*

Pie IX et Léon XIII ne sont d'ailleurs que les échos de nombreux pontifes, leurs prédécesseurs. Urbain VIII disait du Rosaire : *Il accroît le christianisme.* — S. Pie V : *Il chasse les ténèbres de l'hérésie.* — Clément VIII : *Il sauve les fidèles.* — Grégoire XIII : *Il apaise la colère de Dieu.* — Paul V : *Il est un trésor de grâces.* — Jules II : *Il est l'ornement de l'Eglise romaine.*

IV. *Ses avantages.* — En récitant le Rosaire entier, les fidèles gagnent, s'ils sont membres d'une Confrérie du Rosaire, toutes les indulgences de la couronne d'Espagne; *50 ans* en disant le tiers du Rosaire dans l'église de la confrérie; *5 ans et 5 quarantaines*, pour prononcer le saint nom de Jésus après chaque *Ave Maria; 100 jours* pour chaque *Pater* et *Ave*, s'ils récitent au moins un chapelet; *10 ans et 10 quarantaines* pour réciter le Rosaire avec d'autres, etc.

V. *Manière de le réciter.* — 1º Dans la récitation du saint Rosaire, chaque dizaine doit rappeler, au moins par une brève formule, le souvenir du mystère qu'elle a pour but d'honorer.

2º Il est bon et utile de joindre à chacune d'elles, quand cela est possible, une intention spéciale de prières.

3º On peut aussi, si les circonstances s'y prêtent, faire précéder chaque dizaine d'un ou de plusieurs couplets de cantique.

C'est d'après cette méthode qu'est formulé l'exercice suivant, à l'usage des pèlerins de Notre-Dame de Lourdes.

I

MYSTÈRES JOYEUX

Intention générale de la première partie du Rosaire ; L'Eglise et le Pape.

1er *Mystère joyeux*. — L'Annonciation.

Sur l'air du *Cantique de Lourdes*.

> L'Ange vous salue
> Vierge d'Israël ;
> Il dit la venue
> Du Verbe éternel !
>
> *Ave, ave, ave Maria !*
>
> Parole féconde ;
> *Fiat* bienheureux ;
> Vous sauvez le monde,
> Vous rouvrez les Cieux.
>
> *Ave, ave, ave Maria !*

Saluons, avec l'Ange, Marie et sa pureté sans tache. Prions pour l'exaltation de notre Sainte Mère l'Eglise, contre laquelle, malgré toutes les épreuves, les portes de l'enfer ne prévaudront jamais.

Récitation de la dizaine.

2o *Mystère joyeux*. — La Visitation.

> Ah ! d'un pas rapide
> Quittez Nazareth,
> L'Esprit Saint vous guide
> Chez Elisabeth.
>
> *Ave*, etc.
>
> Dieu bénit par Elle
> Le saint Précurseur...
> La Vierge fidèle
> Chante son bonheur.
>
> *Ave*, etc.

La charité de Marie ne recule devant aucun sacrifice.

Prions pour le Souverain Pontife, vicaire de Jésus-Christ, chargé par lui de régir et gouverner son Église sur la terre !

3° *Mystère joyeux*. — La Nativité de N. S.

Le Sauveur va naître !
La terre et le ciel
Acclament leur maître
Devenu mortel.

Ave, etc.

Vierge, dans la crèche
Vous mettez Jésus.
Par vous, il nous prêche
Toutes les vertus.

Ave, etc.

La maternité divine met le sceau aux gloires de Marie.

Que Dieu accorde aux peuples chrétiens la paix, tranquillité de l'ordre, promise à la naissance du Sauveur !

4° *Mystère joyeux*. — La Purification.

Au Temple, Marie
Porte l'Enfant-Dieu,
Elle se purifie
Au seuil du Saint Lieu !

Ave, etc.

Tes accents sublimes,
Vieillard Siméon,
De ces deux victimes
Bénissent le nom !

Ave, etc.

Marie se soumet aux prescriptions d'une loi qui n'était pas faite pour elle.

Prions pour l'extirpation des hérésies; que l'humilité de Marie triomphe de leur orgueil !

5° *Mystère joyeux*. — Jésus retrouvé.

Divine allégresse,
L'Enfant disparu
A votre tendresse
Vient d'être rendu.

Ave, etc.

5

Mère, à votre exemple,
Le pauvre pécheur
Saura dans le temple
Trouver le Seigneur.

Ave, etc.

Quel bonheur pour Marie de revoir Jésus, qu'elle retrouve dans le Temple !
Prions pour la conversion des pécheurs. Que Marie, leur refuge, incline vers eux le Cœur de Jésus son divin Fils !

II

MYSTÈRES DOULOUREUX

Intention générale de la deuxième partie du Rosaire : Les diocèses représentés au Pèlerinage : Saint-Dié, Nancy, Metz, Strasbourg.

1er Mystère douloureux. — L'Agonie de N. S.

(Sur l'air de : *Unis aux Concerts des Anges*)
Ou de : *Au sang qu'un Dieu va répandre.*

Dans le jardin des Olives
Agonise le Sauveur ;
Les angoisses les plus vives
Torturent son divin Cœur !
Fallait-il, ô Mère aimable,
Pour prix de notre salut,
Qu'en cet état lamentable
Votre Fils nous apparût !

Au jardin de Gethsémani, Jésus souffrant ne demande à son Père que l'accomplissement de sa volonté sainte.
Prions pour NN. SS. les Evêques des Eglises de St-Dié, Nancy, Metz, Strasbourg, successeurs de tant de saints et illustres prélats, guides et pères de nos âmes.

2o Mystère douloureux. — La Flagellation.

A la colonne on l'attache ;
La main d'ignobles bourreaux
Flagelle l'Agneau sans tache,
Et met son corps en lambeaux !

Vierge, en votre âme attendrie
Retentissent tous ces coups;
Et Jésus vous associe
Aux maux qu'il souffre pour nous !

L'acharnement des bourreaux est surpassé par la patience de la divine victime.

Prions pour les prêtres de nos diocèses; que Dieu multiplie les fruits de leur dévouement, et bénisse toujours leur saint Ministère.

3° *Mystère douloureux.* — Le Couronnement d'Epines.

Une couronne cruelle
Meurtrit son auguste front.
Notre Dieu, notre modèle,
Se résigne à cet affront !
En vain le pécheur l'outrage;
Pour vous, Mère de douleurs,
Ce diadème est le gage
De son règne sur nos cœurs.

O Jésus ! malgré la dérision de vos ennemis, vous êtes notre Roi... Le Christ commande, il règne, il est vainqueur.

Prions pour nos Religieux et Religieuses. Puissions-nous voir la vie monastique prospérer toujours dans tous nos diocèses !

4° *Mystère douloureux.* — Jésus porte sa Croix.

Jésus, victime adorable,
Porte le bois de sa Croix.
Sous ce fardeau qui l'accable,
Il tombe jusqu'à trois fois !
Mais voici sa tendre Mère
Qu'il rencontre sur son chemin...
Elle suit jusqu'au Calvaire
Les traces du sang divin.

Nos péchés vous sont un fardeau plus lourd encore, ô Jésus ! Et vous l'avez accepté pour nous sauver.

Prions pour les fidèles chrétiens de nos diocèses, pour tant d'âmes ravagées autour de nous par l'indifférence religieuse et l'oubli de Dieu.

5° *Mystère douloureux.* — Le Crucifiement.

Dans un douloureux supplice
Le Tout-Puissant, le Dieu fort
Consomme son sacrifice,
Et s'abandonne à la mort!
Embrassons avec Marie
L'humble Croix du Rédempteur;
Du Ciel, après cette vie,
Elle assure le bonheur.

Salut, ô Croix, notre unique espérance!
Prions pour les écoles et œuvres catholiques fondées parmi nous, pour nos institutions diocésaines. Qu'elles grandissent à l'ombre de la Croix, comme un gage consolant de l'avenir!

III

MYSTÈRES GLORIEUX

Intention générale de la troisième partie du Rosaire : Le pèlerin et les siens ; les malades du Pèlerinage.

1er *Mystère glorieux.* — La Résurrection de N. S.

(Sur l'air de : *Pitié mon Dieu!*)

Il est levé, le Maître de la terre;
Comme un vainqueur, Jésus sort du tombeau!
Puis à Marie, aux disciples, à Pierre
Il apparaît dans un éclat nouveau.
Tendre Marie,
Nos cœurs sont à vous;
Mère, Mère chérie,
Priez, priez pour nous.

La Résurrection de Jésus est le gage de celle qui nous attend après le pèlerinage de cette vie.
Que le pèlerin prie pour ses parents vivants, pour les malades, et demande pour eux les grâces dont ils ont besoin.

2º *Mystère glorieux.* — L'Ascension.

> Bientôt les Cieux réclament sa présence :
> Jésus bénit ses enfants réunis;
> Et, s'élevant par sa toute-puissance,
> Sous leurs regards, il monte au Paradis.
> > Tendre Marie, etc.

Le Ciel en est le prix.
Le pèlerin supplie Notre-Seigneur de recevoir avec lui dans le Ciel ses parents défunts.

3º *Mystère glorieux.* — La venue du Saint-Esprit.

> Quel bruit soudain agite le Cénacle ?
> Pourquoi ce souffle et ces langues de feu ?
> C'est l'Esprit-Saint qui vient par ce miracle
> Renouveler le royaume de Dieu.
> > Tendre Marie, etc.

Dieu envoie son Esprit pour enflammer de zèle tous les cœurs et renouveler la face de la terre.
Le pèlerin prie pour ses bienfaiteurs, ses amis, ceux qui dépendent de lui, et aussi pour tous ceux qui se sont recommandés à ses prières.

4º *Mystère glorieux.* — L'Assomption de la Sainte Vierge.

> La mort l'atteint; mais l'auguste Marie
> Dans son tombeau ne dormira qu'un jour.
> Dieu la ranime, et la Vierge ravie
> Prend son essor vers l'éternel séjour.
> > Tendre Marie, etc.

La Vierge Marie est élevée dans le ciel en corps et en âme, par la vertu de son divin Fils.
Le pèlerin confie au Cœur divin de Marie tous ses besoins et intérêts temporels.

5º *Mystère glorieux.* — Le Couronnement de Marie dans le Ciel.

> Votre front porte un royal diadème;
> Jésus vous donne un trône glorieux !

Sur les pécheurs, sur l'enfant qui vous aime,
Veillez toujours, Mère, du haut des cieux.
Tendre Marie, etc.

Fille du Père éternel, Mère du Verbe fait chair, épouse du Saint-Esprit, Marie est la reine du ciel, comme elle est celle de la terre.

Le pèlerin recommande à la toute puissance suppliante de Marie ses intérêts spirituels. Que par les mains de la divine Vierge de précieux trésors de sanctification soient répandus sur son âme !

XI. LE CHEMIN DE LA CROIX

1º Son excellence. — Il n'est pas d'exercice plus propre à inspirer au pécheur le repentir de ses fautes et l'amour de Notre Seigneur. Il en est peu qui disposent aussi efficacement les âmes à s'élever vers Dieu et à recevoir des grâces de choix. Il sera donc l'exercice favori des pèlerins de Notre-Dame de Lourdes, et, autant que possible, ils ne passeront aucun jour sans s'y appliquer d'une manière ou d'une autre.

2º Manière de le faire en Pèlerinage. — Lorsqu'il est impossible de se rendre dans les églises où il est érigé canoniquement, on peut faire le Chemin de la Croix et en gagner les indulgences, en méditant et priant devant un Crucifix qui a été bénit à cette fin, et que l'on tient entre les mains. Il suffit, pour toute l'assemblée, d'un seul Crucifix devant lequel on récite 14 fois de suite un *Pater* et un *Ave*, en terminant par 6 autres *Pater* et *Ave* aux intentions du Souverain Pontife.

3º Ses avantages. — La liste des indulgences plénières et partielles attachées à l'exercice du Chemin de la Croix ne pourrait être publiée. On sait seulement que ces indulgences sont très nombreuses, et qu'elles ont été plusieurs fois renouvelées par les Souverains Pontifes. Pour les gagner, la Communion n'est pas requise; il suffit d'être en état de grâce. Elles sont applicables aux âmes du Purgatoire.

AVANT LES STATIONS

Vive Jésus, vive sa croix,
Oh! qu'il est bien juste qu'on l'aime,
Puisqu'en expirant sur le bois,
Il nous aima plus que lui-même!

Refrain.

Chrétiens, chantons à haute voix | (bis).
Vive Jésus! Vive sa croix!

Sancta Mater, istud agas,
Crucifixi fige plagas
Cordi meo valide.

PREMIÈRE STATION (1)

Jésus au Jardin des Oliviers.

O Jésus, à quelle extrémité vous vois-je réduit! Vous vous représentez la mort qu'on vous prépare, comme la plus cruelle et la plus ignominieuse qui fut jamais : vous envisagez cette longue suite de tourments qu'on vous destine; vous commandez à votre esprit d'en recevoir l'impression avec une violence extrême. De là, cette crainte qui vous fait plus souffrir que la mort même. Si du moins les hommes voulaient profiter des grâces que vous allez leur mériter! Mais un grand nombre se damneront, et au lieu de leur être salutaires, vos souffrances ne serviront qu'à les rendre plus coupables. De là, cette tristesse profonde qui vous accable et cette angoisse mortelle qui fait couler de vos membres une sueur de sang.

Oh! mon aimable Rédempteur, je vous adore dans cet accablement de tristesse! J'adore votre cœur si tendre et maintenant noyé dans l'amertume!

C'est ainsi que vous expiez les fausses joies auxquelles je me suis livré. Peu content de répandre vos larmes, vous donnez encore votre Sang. Seigneur Jésus, que ce sang

(1) Stations et prières du Chemin de Croix de Betharram.

adorable ne me soit pas inutile ! Que voulez-vous de moi ? Puis-je vous refuser quelque chose ? Ah ! je vous entends, vous voulez que je renonce aux joies mondaines et aux plaisirs sensuels. O Jésus ! je ne veux plus rien recevoir que de vous ; le monde passe, et vous me resterez éternellement. Divin Sauveur, soyez mon partage et donnez-moi, dès maintenant, une étincelle de cet amour dont vous brûlez pour moi, afin que je vous suive partout, que je pleure mes péchés et que rien désormais ne puisse me séparer de votre charité !

Pater noster... Ave Maria... Gloria Patri...
Y Miserere nostri, Domine... R Miserere nostri...
Fidelium animæ...

INVOCATION A MARIE

Par les tortures qu'éprouva votre Cœur maternel, pendant les angoisses auxquelles se livra Jésus, lorsqu'il tomba pour nous en agonie, et qu'il sua le sang, nous vous le demandons, ô Marie, écoutez-nous et daignez nous secourir maintenant et à l'heure de la mort. Ainsi soit-il.

DEUXIÈME STATION

Trahison de Judas.

Le traître Judas va trouver les ennemis de son maître et leur dit : « Que voulez-vous me donner, et je vous le livrerai ! » Le marché est conclu : Jésus est estimé et vendu trente deniers. Souillé d'un crime si horrible, Judas revient auprès du Sauveur, s'assied à sa table, participe avec les autres disciples au Sacrement d'amour. A la fin du repas, il sort de nouveau, se met à la tête d'une troupe de forcenés et livre son divin Maître par un baiser. Quelle scélératesse !

O Jésus ! il n'est pas une larme de vos yeux, une parole de votre bouche qui ne soit d'un prix infini, et Judas vous vend trente deniers ! Il profane votre corps adorable par une communion sacrilège et déshonore votre face divine par le baiser d'un traître ! Mais pourquoi accuser Judas ! Que de fois je vous ai vendu moi-même pour une fumée d'honneur, pour un léger intérêt, pour le plaisir d'un moment ! Ne vous ai-je pas trahi encore par des communions sacrilèges ? O Dieu plein de miséricorde, pardonnez mes perfidies, ne permettez pas que je retombe dans les mêmes infidélités.

Pater noster,... etc.

INVOCATION A MARIE

Par toutes les larmes que vous répandîtes, quand le perfide Judas trahit votre divin Fils et profana la sainte communion, nous vous le demandons, ô Marie, écoutez-nous et daignez nous secourir maintenant et à l'heure de la mort. Ainsi soit-il.

TROISIÈME STATION

Jésus devant Caïphe.

O doux Jésus, qui pourrait, sans verser des larmes, retracer le souvenir de tous les outrages que vous reçûtes dans la maison de Caïphe ! Vous y êtes accusé de blasphèmes, vous qui n'avez ouvert la bouche que pour parler de la gloire de Dieu et du salut des hommes ! Vous y êtes jugé par des scélérats, vous qui êtes le juge souverain des vivants et des morts ! Vous voilà voué à la mort, vous qui êtes l'auteur même de la vie ! La populace et les soldats lancent contre vous tous les traits de leur malice; ils vous frappent à coups de poings et déshonorent votre face divine par des crachats infâmes. Et, cependant, vous recevez tous ces outrages avec une douceur qui jette les hommes et les anges dans l'étonnement ! Toujours uni à votre Père, vous gardez un profond silence.

O patience invincible ! O Jésus plein de bonté ! Il vous était bien facile de vous justifier et de repousser tant d'outrages; mais vous vouliez m'apprendre à pardonner les injures, à me taire et à souffrir en silence les mépris qu'on ferait de moi.

Pater noster,.... etc.

INVOCATION A MARIE

Par la part que vous prîtes aux humiliations de Jésus-Christ, lorsqu'il fut conduit de tribunal en tribunal; par les coups et les soufflets dont le frappèrent les mains sacrilèges; par les crachats immondes dont on couvrit sa sainte face, nous vous le demandons, ô Marie, écoutez-nous et daignez nous secourir maintenant et à l'heure de la mort ! Ainsi soit-il.

QUATRIÈME STATION

La Flagellation.

Est-ce bien vous, ô Jésus, que je vois exposé tout nu à

la vue de soldats insolents, lié et attaché à une colonne ?
Est-ce vous, ô Roi de gloire, que l'on traite de la sorte ?
La loi défendait de donner aux patients plus de quarante
coups de verges, mais pour vous il n'y a pas de mesure,
on frappe à coups redoublés et on fait voler en lambeaux
votre chair virginale !

O mon divin Sauveur, jusqu'où donc va votre charité ?
C'est moi qui ai péché, et vous en souffrez la peine ; c'est
moi qui ai commis le crime, et vous l'expiez. C'est donc
à cause de moi que vous êtes attaché à cette colonne, que
vos nerfs sont foulés, vos veines ouvertes, vos entrailles
déchirées, et que le sang coule de toutes les parties de
votre corps. Oh ! que mon cœur est dur, si tout cela n'est
pas capable de l'amollir !

O Jésus ! non, je ne résisterai pas à tant d'amour. Désormais je veux vous aimer. Ah ! je voudrais recueillir et
garder chacune des gouttes de ce sang précieux ; elles
me seraient un puissant motif de vous aimer, ou, si je ne
vous aimais pas, elles me reprocheraient ma dureté et
mon ingratitude.

Pater noster,... etc.

INVOCATION A MARIE

Par votre profonde désolation, lorsque des liens infâmes attachèrent à la colonne Celui qui venait briser les
liens de tous les crimes de la terre, nous vous le demandons, ô Marie, écoutez-nous et daignez nous secourir
maintenant et à l'heure de la mort ! Ainsi soit-il.

CINQUIÈME STATION

Jésus couronné d'épines.

O Jésus, n'aurez-vous donc jamais assez souffert !...
Regarde, ô mon âme : on lui met sur la tête un tissu
d'épines pour couronne, à la main un roseau en guise de
sceptre, sur les épaules un vieux haillon pour manteau
royal. Divin Sauveur, amour de mon âme, vous êtes vraiment le roi des affligés ! Ah ! sous cette couronne d'épines, vous me paraissez plus aimable que couronné de
gloire, parce que, couronné d'épines, vous me témoignez
plus d'amour. Epines sacrées, percez-moi le cœur ; faites-
en sortir les larmes d'une amoureuse compassion et d'une
componction salutaire.

Pater noster,... etc.

INVOCATION A MARIE

Par le serrement de cœur dont vous fûtes saisie, lorsque des mains barbares traitèrent le Roi de gloire en roi de théâtre, nous vous le demandons, ô Marie, écoutez-nous et daignez nous secourir maintenant et à l'heure de la mort ! Ainsi soit-il.

SIXIÈME STATION

Pilate montre Jésus au peuple en disant : Voici l'Homme ! Ecce Homo !

O mon divin Sauveur, dans quel état d'humiliation vous vois-je réduit !... Couvert de plaies, couronné d'épines, tout baigné de sang, Pilate vous présente aux Juifs, afin de les toucher, s'il est possible. Mais ils n'ont pour vous que de la haine. Aveuglés par leurs passions, ils vous rejettent, et moi, éclairé par la foi, je vous reconnais pour mon Sauveur et mon Dieu ; ils vous dévouent au supplice de la Croix, et moi, je me dévoue tout entier à votre amour ; ils demandent qu'on vous fasse mourir, et moi je vous demande en grâce que vous viviez dans mon cœur. Pilate, montrez-le donc au peuple, ce Jésus ainsi défiguré, et dites-lui : *Ecce Homo !* Voici l'Homme !... Ah ! pour moi, je le connais bien, cet Homme dans lequel Dieu a voulu nous faire voir l'abîme de ses miséricordes, les rigueurs de sa justice et l'énormité du péché ! C'est l'Homme promis par les prophètes, désiré par les patriarches. Oui, Seigneur Jésus, je vous reconnais, c'est vous qui êtes descendu du trône de la gloire pour m'y faire monter, qui êtes né pauvre pour m'enrichir, et qui souffrez maintenant tant de confusion et de douleurs pour me délivrer de la honte éternelle et des peines de l'enfer !

Je vous remercie, ô mon Dieu, de tant d'amour, et faites, je vous en supplie, que cette même charité, qui vous a réduit à cet état lamentable, me réduise à ce parfait détachement de toutes choses que vous demandez, pour preuve de la sincérité et de la pureté de mon amour.

Pater noster,... etc.

INVOCATION A MARIE

Par les peines intérieures que vous éprouvâtes quand Jésus fut ainsi produit en public et comparé à Barrabas, nous vous le demandons, ô Marie, écoutez-nous et dai-

gnez nous secourir maintenant et à l'heure de la mort !
Ainsi soit-il.

SEPTIÈME STATION

Jésus est condamné à mort.

O Jésus, que sera-t-il fait de vous ? Je vois les Juifs, je
les entends; ils lèvent les bras, ils réclament votre mort.
Quand Pilate vous présente à eux comme leur roi : *Ecce
rex vester !* ils crient tous ensemble : *tolle, tolle,* qu'on
dresse la croix et qu'il y meure ! — Crucifier votre roi? re-
prend le juge ! — Notre roi? répondent-ils, nous n'avons
d'autre roi que César. — Alors Pilate, qui connaît votre innocence, qui l'a déclarée hautement, vous livre à la fureur
de vos ennemis. Je le vois, ce juge inique; pour qu'on ne
lui impute pas votre mort, il s'assied sur son tribunal, et,
consommant le plus grand des forfaits, il lave ses mains
tandis qu'il vous condamne au supplice de la Croix. Vous
allez donc mourir, ô Jésus, vous, l'innocence même, vous
le plus digne de vivre entre tous !....

O mon Dieu, je vous offre la réparation que Jésus-Christ
a faite pour nous, au Prétoire, en acceptant sans chercher
à se justifier, la sentence de mort. Je vous en conjure, à
cause de cette sentence inique portée contre votre Fils,
daignez me délivrer de la sentence de mort éternelle que
j'ai tant de fois méritée par mes péchés !

Pater noster,.... etc.

INVOCATION A MARIE

Par les souffrances auxquelles vous fûtes en proie lorsque vous entendîtes prononcer la plus injuste des senten-
ces, contre le plus innocent des hommes, nous vous le
demandons, ô Marie, écoutez-nous et daignez nous secourir maintenant et à l'heure de la mort ! Ainsi soit-il.

HUITIÈME STATION

Jésus rencontre sa Sainte Mère.

Chargé de la Croix, Jésus marchait au milieu de la
foule, comme un agneau conduit à la boucherie, lorsqu'au
détour du chemin, il rencontra sa Sainte Mère. Que se
passa-t-il en ce moment dans le Cœur de Jésus et dans
celui de Marie? La langue humaine est incapable de le
dire, et nul esprit ne saurait l'imaginer. Notre-Seigneur

aimait sa Mère plus qu'aucune autre créature, et Marie aimait Jésus plus que ne l'aimeront jamais les hommes et les anges.

O divine Mère, par les mérites de cette douleur que vous éprouvâtes, en voyant votre bien-aimé Jésus conduit à la mort, obtenez-moi la grâce de porter avec patience la Croix que Dieu m'envoie ! Vous et Jésus innocent, vous en avez porté une bien lourde; ne permettez pas que moi, pécheur, qui ai mérité l'enfer, je refuse jamais de porter la mienne ! Donnez-moi la grâce de marcher après vous et de souffrir avec amour et générosité !

Pater noster,... etc.

INVOCATION A MARIE

Par le mystère de douleur qui s'accomplit dans votre âme et dans celle de Jésus, lorsque vous vous rencontrâtes sur le chemin du Calvaire, nous vous le demandons, ô Marie, écoutez-nous et daignez nous secourir maintenant et à l'heure de la mort ! Ainsi soit-il.

NEUVIÈME STATION

Jésus console les filles de Jérusalem.

Considère, ô mon âme, les divins enseignements que le Seigneur te donne encore dans ce mystère de sa Passion. Touchées de l'état pitoyable où les bourreaux l'avaient réduit, les saintes femmes de Jérusalem le suivaient en pleurant; Jésus se tourna vers elles avec bonté et leur dit : « O saintes femmes, ne pleurez pas sur mes souffrances, elles me sont chères; elles sont un rafraîchissement pour mon cœur tout consumé d'amour. Mais pleurez, pleurez sur vos péchés : car ils sont la cause de mes douleurs; et, puisque vous m'aimez, renoncez à ces fautes qui ont déchiré mon Sacré-Cœur. »

O mon âme, demeureras-tu insensible à ces paroles du Sauveur et vivras-tu toujours dans le péché? Non, tu n'auras pas ce triste et honteux courage. Divin Jésus, je me prosterne à vos pieds, je veux essuyer vos pleurs et compatir à vos souffrances, en renonçant à ma vie si peu chrétienne. Je vous promets de réparer mes fautes passées, et, avec le secours de votre grâce, je ne vivrai désormais que pour vous servir.

Pater noster,... etc.

INVOCATION A MARIE

Par l'absinthe et le fiel dont fut enivré votre cœur maternel, lorsque vous suiviez votre adorable Fils, sans qu'il vous fût permis de le presser dans vos bras ni d'essuyer son visage couvert de sang, nous vous le demandons, ô Marie, écoutez-nous et daignez nous secourir maintenant et à l'heure de la mort ! Ainsi soit-il.

DIXIÈME STATION

Jésus est attaché à la Croix.

Regarde, ô mon âme, comme ces hommes féroces meurtrissent le corps de ton Jésus ! — Place-toi sur la Croix, lui disent-ils, et il s'y couche; donne tes pieds et tes mains, et il les donne... Aussitôt, à grands coups de marteau, ils enfoncent d'énormes clous dans ses membres sacrés. Saints Patriarches, saints Prophètes, Anges du ciel, venez voir celui que vous appeliez le Désiré des Nations, le Roi immortel de gloire ! Le reconnaissez-vous?... O Jésus crucifié, à quoi pensiez-vous lorsque vous vous sentîtes fixé sur ce bois d'ignominie?... Ah ! vous pensiez à mon âme, esclave de ses passions; vous pensiez à mes péchés qui vous coûtaient ces atroces douleurs ! Eh bien ! ô mon doux Jésus, ces péchés, je veux désormais les traiter comme vos véritables bourreaux, heureux d'adoucir, par toute une vie de pénitence, les horribles souffrances qu'ils vous ont causées.

Pater noster,... etc.

INVOCATION A MARIE

Par les douleurs intolérables que vous ressentîtes, surtout lorsqu'on étendit avec effort les membres de votre bien-aimé Jésus, et qu'on enfonça les clous dans ses mains et ses pieds innocents, nous vous le demandons, ô Marie, écoutez-nous et daignez nous secourir maintenant et à l'heure de la mort ! Ainsi soit-il.

ONZIÈME STATION

Jésus meurt sur la Croix.

Vous mourez, ô Dieu de ma vie, et vous mourez sur la Croix que vous avez portée jusqu'au Calvaire ! Mais de quelle mort mourez-vous? Hélas ! votre Mère par sa présence, votre Père par la désolation où il vous laisse, vos disciples par leur fuite, le peuple par ses huées, les prêtres et les docteurs par leurs amères dérisions, le mauvais larron par ses blasphèmes et par son désespoir, tout contribue à rendre cette fin aussi douloureuse qu'ignominieuse. Cependant, pour montrer au monde que vous ne mourez que parce que vous le voulez bien, vous poussez un grand cri, vous recommandez votre âme à votre Père, vous baissez doucement la tête et vous rendez le dernier soupir...

O excès de bonté, ô miracle d'amour !... O mon âme, comment y répondras-tu, et que demande de toi un Dieu mourant pour te sauver? Puisque Jésus-Christ est mort pour toi, il faut que tu meures pour lui. Il faut que tu meures au monde et à tes passions, pour vivre de son amour. Oui, Seigneur, je suis un ingrat si j'aime quelque chose en dehors de vous, ou si je ne l'aime pas pour vous. C'est pourquoi je veux mourir à tout ce qui flatte la nature et les sens, au plaisir, à la vanité, à toutes les satisfactions humaines, pour ne vivre qu'en Celui qui est mort pour moi, afin que je puisse dire avec l'Apôtre: « Je vis, non je ne vis plus, c'est Jésus-Christ qui vit en moi. »

Pater noster,... etc.

INVOCATION A MARIE

Par ces paroles plus pénétrantes qu'un glaive à deux tranchants : *Femme, voilà votre Fils !* par ces paroles accablantes qui retentirent jusque dans les parties intimes de votre âme, nous vous le demandons, ô Mère infortunée, ô Marie, daignez nous écouter et soyez-nous secourable maintenant et à l'heure de la mort ! Ainsi soit-il.

DOUZIÈME STATION

Descente de la Croix.

Ce n'est qu'après avoir rendu le dernier soupir que le divin Sauveur put enfin descendre de la Croix. Il nous apprend ainsi que, si nous voulons marcher sur ses traces et mériter le nom de chrétiens, non seulement il nous faudra porter la Croix pendant la vie, mais encore y demeurer attachés jusqu'à la mort. Ce n'est qu'après la mort au monde et à nous-mêmes, que nous serons dignes d'un Dieu mourant pour le salut de tous, et que nous mériterons de passer du pied de la Croix aux bras de Marie. Mais, que dis-je ! Notre-Seigneur ne s'est pas contenté de porter la Croix et d'y mourir; il a voulu qu'après sa mort son Cœur adorable fût entr'ouvert, afin que le peu de sang qu'il contenait encore s'écoulât jusqu'à la dernière goutte. Par là, il nous apprend que lorsque nous croirons lui avoir tout donné, il faudra lui faire encore de nouveaux sacrifices.

O Jésus, que pourrais-je refuser à toutes vos avances ? Voilà mon cœur, je vous l'offre, je vous l'immole, je veux que désormais il ne saigne que pour vous, parce qu'il a aimé autre chose que vous-même.

Pater noster,... etc.

INVOCATION A MARIE

Par les sept glaives qui traversèrent votre Cœur, nous vous le demandons, ô Marie, écoutez-nous et daignez nous secourir maintenant et à l'heure de la mort ! Ainsi soit-il.

TREIZIÈME STATION

La Compassion. — Jésus dans les bras de sa Mère.

O mon divin Jésus, les cris de rage de vos ennemis ont beau retentir sur le Calvaire, vous êtes mort, vous ne souffrez plus. Mais votre sainte Mère souffre. Elle entend les moqueries et les blasphèmes des soldats et des Juifs; la lance qu'ils enfoncent dans votre côté perce son Cœur d'outre en outre; vous recevez le coup, mais elle en ressent toute la douleur.

Quel spectacle pour le ciel et pour la terre que le corps non animé d'un tel Fils entre les bras d'une telle Mère !...

Avec quelle dévotion cette Mère saintement héroïque, embrasse le corps sacré de son bien-aimé Fils ! Avec quel respect elle ferme ses yeux et essuie son visage !...

... O Jésus, je la vois, cette Mère désolée, vous serrant contre son cœur, baisant vos plaies, les adorant les unes après les autres. O soupirs ! ô regrets ! ô transports d'amour de Marie !...

Mère désolée, Reine des Martyrs, puisque votre Fils n'est mort que pour mon salut, c'est pour moi que vous versâtes tant de larmes. Mais de quoi me serviront ces larmes, si je m'obstine à me perdre ? Par les mérites de vos douleurs, obtenez-moi donc une vraie contrition de mes péchés et une entière conversion de mon cœur, avec

une tendre et perpétuelle compassion pour vos souffrances et celles de votre divin Fils.

Pater noster,... etc.

INVOCATION A MARIE

Par cette source toute mystérieuse qui jaillit du Cœur
de Jésus, par cette eau qui nous purifie et ce sang qui
rend à nos âmes la vigueur et la vie, nous vous le demandons, ô Marie, écoutez-nous et daignez nous secourir
maintenant et à l'heure de la mort ! Ainsi soit-il.

QUATORZIÈME STATION

Jésus déposé dans le Tombeau.

Nous considérions tout à l'heure notre divin Sauveur
dans les bras de sa Mère; mais que ne dut pas éprouver
cette Mère, alors que les disciples lui enlevèrent son Fils
pour le mettre au tombeau ! Corporellement séparée de
son Jésus, elle tenait son esprit uni constamment au sien,
s'ensevelissant, pour ainsi dire, avec lui par une profonde
méditation de ses douleurs et de sa mort.

O mon divin Sauveur, donnez-moi d'entrer dans les
pieux sentiments de votre Mère, de porter votre Passion
gravée dans mon cœur, de ressentir dans mon corps quelque chose de ce que vous ressentîtes au vôtre, en un mot,
de comprendre et de goûter le mystère de la Croix. Que je
puisse, par la pratique d'une généreuse mortification, participer à votre Calvaire, et par une profonde humilité, m'en-
sevelir avec vous! Et vous, ô Vierge sainte, obtenez-moi
par les mérites infinis du divin Crucifié, la grâce de mourir
chaque jour, comme l'Apôtre, à la vie des sens pour mériter de vivre, comme lui, de la vie des Saints.

Pater noster..., etc.

INVOCATION A MARIE

Par votre zèle ardent pour le salut des âmes, par ce
sublime courage qui vous porta à offrir en holocauste pour
nous, et votre Fils et vous-même, nous vous le demandons,
ô Marie, écoutez-nous et daignez nous secourir maintenant
et à l'heure de la mort! Ainsi soit-il.

XII. PRIÈRES DIVERSES

Litanies de Notre-Dame de Lourdes.

Seigneur, ayez pitié de nous.

Jésus-Christ, —

Seigneur, —

Jésus, écoutez-nous,

Jésus, exaucez-nous.

Père céleste, qui êtes Dieu, ayez pitié de nous.

Fils, Rédempteur du monde, qui êtes Dieu, ayez pitié de nous.

Esprit-Saint, qui êtes Dieu, ayez pitié de nous.

Trinité sainte, qui êtes un seul Dieu, ayez pitié de nous.

Notre-Dame de Lourdes, qui êtes la Mère de Dieu, priez pour nous.

Notre-Dame de Lourdes, qui daignâtes apparaître jusqu'à dix-huit fois, priez pour nous.

Notre-Dame de Lourdes, qui avez dit: *Je suis l'Immaculée-Conception*, priez pour nous.

Notre-Dame de Lourdes, qui avez choisi une chétive enfant, afin que nous apprenions à devenir simples et purs, priez pour nous.

Notre-Dame de Lourdes, qui avez daigné préférer la terre de France, priez pour nous.

Notre-Dame de Lourdes, qui êtes apparue dans une grotte comme la colombe mystique dans le creux du rocher, priez pour nous.

Notre-Dame de Lourdes, qui avez souri, comme pour nous inviter à l'espérance, priez pour nous.

Notre-Dame de Lourdes, qui portiez à la ceinture un Rosaire, pour nous exhorter à la prière, priez pour nous.

Notre-Dame de Lourdes, qui par vos mains jointes nous donniez la même leçon, priez pour nous.

Notre-Dame de Lourdes, qui par vos regards levés vers le ciel nous excitiez à diriger nos cœurs en haut, priez pour nous.

Notre-Dame de Lourdes, qui aviez des roses sur vos pieds pour nous enseigner que la charité doit diriger tous nos pas, priez pour nous.

Notre-Dame de Lourdes, qui nous avez recommandé de faire pénitence, priez pour nous.

Notre-Dame de Lourdes, qui avez demandé des prières pour les pécheurs, priez pour nous.

Notre-Dame de Lourdes, qui avez fait jaillir une source miraculeuse, priez pour nous.

Notre-Dame de Lourdes, qui avez triomphé de toutes les oppositions des incrédules et des méchants, priez pour nous.

Notre-Dame de Lourdes, qui nous appelez à venir vers vous, priez pour nous.

Notre-Dame de Lourdes, dont la visite nous est un signe que Dieu ne nous a pas entièrement abandonnés, priez pour nous.

Notre-Dame de Lourdes, doux espoir du pèlerin, priez pour nous.

Notre-Dame de Lourdes, qui avez consolé tant d'infortunés, priez pour nous.

Nous vous demandons de réaliser en nous l'objet de vos Apparitions: Notre-Dame de Lourdes, écoutez-nous.

Donnez la victoire à la sainte Eglise; Notre-Dame de Lourdes, écoutez-nous.

Ecrasez la tête du serpent infernal; Notre-Dame de Lourdes, écoutez-nous.

Protégez le Saint-Siège qui vous proclama Immaculée; Notre-Dame de Lourdes, écoutez-nous.

Ne souffrez pas que la France cesse d'être votre royaume bien-aimé: Notre-Dame de Lourdes, écoutez-nous.

Relevez cette chère patrie tant humiliée par ses ennemis; Notre-Dame de Lourdes, écoutez-nous.

Rendez-lui la foi et les grandes vertus de nos pères; Notre-Dame de Lourdes, écoutez-nous.

Détruisez l'esprit de révolte et l'amour effréné du plaisir, qui sont les plaies de notre temps; Notre-Dame de Lourdes, écoutez-nous.

Prêtez l'oreille aux soupirs de tous ceux qui vous invoquent; Notre-Dame de Lourdes, écoutez-nous.

Purifiez et réchauffez nos cœurs, afin que nous soyons plus dignes d'être exaucés; Notre-Dame de Lourdes, écoutez-nous.

Agneau de Dieu, qui effacez les péchés du monde, pardonnez-nous, Seigneur.

Agneau de Dieu, qui effacez les péchés du monde, exaucez-nous Seigneur.

Agneau de Dieu, qui effacez les péchés du monde, ayez pitié de nous, Seigneur.

℣ Soyez mille fois félicitée, ô bienheureuse Vierge Marie.

℟ De votre Immaculée Conception.

ORAISON

O Dieu qui, par l'Immaculée Conception de la Bienheureuse Vierge, avez préparé à votre Fils une demeure digne de Lui, nous vous en supplions, vous qui, en prévision de la mort de Notre-Seigneur, l'avez préservée de toute tache, accordez-nous, par son intercession, de parvenir jusqu'à vous, purifiés de nos fautes. Par le même N.-S. J.-C. — Ainsi soit-il.

Litanies du Sacré-Cœur de Jésus.

Seigneur, ayez pitié de nous.

Jésus-Christ, —

Seigneur, —

Jésus-Christ, écoutez-nous.

Jésus-Christ, exaucez-nous.

Dieu le Père, du haut des cieux, ayez pitié de nous.

Dieu le Fils, Rédempteur du monde, ayez pitié de nous.

Dieu le Saint-Esprit, ayez pitié de nous.

Trinité sainte, qui êtes un seul Dieu, ayez pitié de nous.

Cœur de Jésus, uni substantiellement au Verbe de Dieu, ayez pitié de nous.

Cœur de Jésus, sanctuaire de la Divinité, ayez pitié de nous.

Cœur de Jésus, temple de la Très Sainte Trinité, ayez pitié de nous.

Cœur de Jésus, abîme de sagesse, ayez pitié de nous.

Cœur de Jésus, maison de Dieu et porte du Ciel, ayez pitié de nous.

Cœur de Jésus, siège de la grandeur et de la majesté de Dieu, ayez pitié de nous.

Cœur de Jésus, désiré des collines éternelles, ayez pitié de nous.

Cœur de Jésus, qui reposez parmi les lis, ayez pitié de nous.

Cœur de Jésus, océan de bonté, ayez pitié de nous.

Cœur de Jésus, trône de la miséricorde, ayez pitié de nous.

Cœur de Jésus, trésor qui ne s'épuise jamais, ayez pitié de nous.

Cœur de Jésus, magnifique envers ceux qui vous invoquent, ayez pitié de nous.

Cœur de Jésus, notre vie et notre résurrection, ayez pitié de nous.

Cœur de Jésus, de la plénitude duquel nous recevons tout, ayez pitié de nous.

Cœur de Jésus, notre paix et notre réconciliation, ayez pitié de nous.

Cœur de Jésus, modèle de toutes les vertus, ayez pitié de nous.

Cœur de Jésus, infiniment aimant, et infiniment aimable, ayez pitié de nous.

Cœur de Jésus, source d'eau vive qui jaillit jusqu'à la vie éternelle, ayez pitié de nous.

Cœur de Jésus, objet de toutes les complaisances de votre Père, ayez pitié de nous.

Cœur de Jésus, hostie vivante, sainte et agréable à Dieu, ayez pitié de nous.

Cœur de Jésus, propitiation pour nos péchés, ayez pitié de nous.

Cœur de Jésus, rempli d'amertume à cause de nous, ayez pitié de nous.

Cœur de Jésus, triste jusqu'à la mort dans le jardin des Oliviers, ayez pitié de nous.

Cœur de Jésus, rassasié d'opprobres, ayez pitié de nous.

Cœur de Jésus, blessé d'amour, ayez pitié de nous.

Cœur de Jésus, obéissant jusqu'à la mort de la Croix, ayez pitié de nous.

Cœur de Jésus, ouvert par la lance, ayez pitié de nous.

Cœur de Jésus, épuisé de sang sur la Croix, ayez pitié de nous.

Cœur de Jésus, brisé de douleurs à cause de nos péchés, ayez pitié de nous.

Cœur de Jésus, maintenant encore outragé par les hommes dans le Sacrement de votre amour, ayez pitié de nous.

Cœur de Jésus, refuge des pécheurs, ayez pitié de nous.

Cœur de Jésus, force des faibles, ayez pitié de nous.

Cœur de Jésus, consolation des affligés, ayez pitié de nous.

Cœur de Jésus, persévé-rance des justes, ayez pitié de nous.

Cœur de Jésus, salut de ceux qui espèrent en vous, ayez pitié de nous.

Cœur de Jésus, espérance des mourants, ayez pitié de nous.

Cœur de Jésus, doux appui de ceux qui vous hono-rent, ayez pitié de nous.

Cœur de Jésus, délices de tous les Saints, ayez pitié de nous.

Cœur de Jésus, notre se-cours dans les maux qui ont fondu sur nous, ayez pitié de nous.

Agneau de Dieu, qui effacez les péchés du monde, par-donnez-nous, Jésus.

Agneau de Dieu, qui effacez les péchés du monde, exaucez-nous, Jésus.

Agneau de Dieu, qui effacez les péchés du monde, ayez pitié de nous, Jésus.

Jésus-Christ, écoutez-nous.

Jésus-Christ, exaucez-nous.

℣ Jésus, doux et humble de cœur,

℟ Rendez nos cœurs sem-blables au Vôtre.

Prions.

Seigneur Jésus, qui, par un bienfait nouveau avez daigné ouvrir à votre Église les richesses ineffables de votre Cœur, faites que nous rendions amour pour amour à ce Cœur adorable, et que par de di-gnes hommages, nous réparions les outrages dont l'ingratitude des hommes vous abreuve, ô vous qui vivez et régnez dans les siècles des siècles. Ainsi soit-il.

Dieu tout-puissant et éternel, jetez les yeux sur le Cœur de votre Fils; voyez les hommages et la satisfaction qu'il vous offre pour tous les pécheurs; nous implorons votre miséricorde; laissez-vous fléchir et pardonnez-nous au nom de ce même Jésus-Christ votre Fils qui, étant Dieu, vit et règne avec vous en l'unité du Saint-Esprit, dans tous les siècles des siècles. — Ainsi soit-il.

Consécration au Sacré-Cœur de Jésus.

Notre-Seigneur veut la consécration de la France à son Sacré-Cœur. Il y a deux cents ans, il la demandait à Louis XIV par l'entremise de la Bienheureuse Marguerite-Marie. Il attend toujours une réponse qui ne lui a pas encore été faite; nous ne pouvons la différer plus longtemps.

Sans doute tous les diocèses de France ont été consacrés au Cœur de Jésus par les évêques; mais cette consécration religieuse ne suffit pas, car elle n'atteint qu'indirectement la vie sociale qui appartient, elle aussi, au Sacré-Cœur. Notre-Seigneur veut que la famille et l'État affirment son autorité souveraine en lui rendant hommage; il veut un règne social; c'est l'objet même de la demande faite par lui à la Bienheureuse le 17 juin 1689.

Le moment est venu, ce semble, de donner satisfaction à ce désir divin. Sans doute un acte de cette nature fait aujourd'hui par nous n'aura pas la forme qu'il aurait eue il y a deux cents ans, mais il est vrai de dire que cette consécration peut être plus glorieuse pour le Sacré-Cœur et plus fructueuse pour nous-mêmes.

Si, au temps du grand roi, un seul homme devait parler au nom de tout le peuple, aujourd'hui, où l'on est convenu de trouver dans le suffrage de la nation une sorte de consécration officielle de l'autorité, c'est le peuple tout entier, hommes, femmes, enfants, qui doit acclamer la royauté de Notre-Seigneur en se consacrant à son divin Cœur.

ACTE DE CONSÉCRATION

Cœur adorable de Jésus, vivant dans cette hostie, moi, N., prosterné en esprit devant vous en présence de la Sainte Vierge Marie et de saint Joseph, de saint Michel et des saints Patrons de la France, je viens, avec toute la sincérité de mon cœur, vous demander pardon de mes fautes passées et vous promettre une fidélité entière à l'avenir;

Je reconnais et proclame vos droits souverains sur tout ce que je suis et sur tout ce que je possède ; vous régnerez désormais sur mon intelligence, sur ma volonté, sur toutes les puissances de mon âme, toutes les forces de mon corps, tous les instants de ma vie ; et tous les biens que j'ai reçus de vous seront employés conformément à votre adorable volonté ;

Je reconnais et proclame vos droits souverains sur ma famille ; je travaillerai de tout mon pouvoir à y établir votre règne, afin que tous les membres qui la composent fassent de vos exemples et de vos leçons la règle de leur conduite, de votre amour le lien de leur union, et de votre image exposée et honorée la sauvegarde du foyer domestique ;

Je reconnais et proclame vos droits sur la société. Que ne puis-je y établir absolument votre règne en y faisant respecter en toutes choses et partout vos lois et vos préceptes ! Je veux au moins que, dans le cercle où s'exerce mon influence, votre nom soit honoré et le saint jour du dimanche respecté ; je veux que la pratique de vos saints commandements ne rencontre autour de moi aucun obstacle, que le bien soit toujours encouragé, que le mal soit réprimé et puni. Soyez vous-même, ô Cœur divin, le gardien de ces engagements que je prends et que je signe devant vous ; soyez-en un jour l'éternelle récompense, si, par votre grâce, j'y suis fidèle ! — Ainsi soit-il.

Consécration à Marie.

O Marie ! Vierge Immaculée, notre Protectrice et notre Mère, nous venons humblement vous consacrer nos biens, nos personnes, nos familles, notre patrie. Cette consécration du cœur, nos pères l'ont faite dans les élans de leur amour et de leur foi, nos rois l'ont solennellement ratifiée, les siècles l'ont à jamais affermie.

Le peuple français tout entier vient la renouveler ici par des actes éclatants et solennels ; il vient, par un mouvement unanime et spontané, affirmer à la face de ses ennemis que la France est toujours votre royaume : *Regnum Galliæ, regnum Mariæ.*

La France a pu oublier un instant sa gloire ; elle a, dans un siècle d'aveuglement, chassé le Christ votre Fils de ses institutions et de ses lois ; elle a péché ; mais, au milieu de ses égarements, elle a rencontré l'humiliation et la douleur. Son orgueil est brisé. Du fond de sa douleur, elle se redresse dans un noble élan de repentir et de confiance ; toute meurtrie par sa chute, elle pousse vers vous ce cri toujours victorieux : J'irai à ma mère, *Ibo ad Matrem.*

Ô Marie ! Mère de Miséricorde, ne méprisez pas la douleur de vos enfants ; ne dédaignez pas cet immense cri de détresse et d'amour qui s'élève en ce moment de tous les cœurs et de tous les sanctuaires ; ayez pitié de nous, ayez pitié de la Patrie !

Dirigez ses gouvernants, éclairez ses législateurs, convertissez son peuple, fortifiez sa foi, gardez ses mœurs, sauvez-la enfin, en lui rendant sa glorieuse mission de fille aînée de l'Eglise et de soldat du Christ.

Rappelez-vous que nous sommes vos enfants et montrez-vous notre Mère, *Monstra te esse Matrem.* Priez pour nous Jésus, votre Fils et notre Sauveur ; nous vous en conjurons par les douleurs et par les larmes d'un peuple entier, priez pour nous !

Refuge des pécheurs, accueillez notre repentir !

Secours des chrétiens, détournez les fléaux qui nous accablent !

Reine de la Victoire, soyez notre Reine ! Toujours, toujours !

Amen. Amen.

DEUXIÈME PARTIE

SANCTIFICATION PARTICULIÈRE DE CHACUN DES JOURS DU PÈLERINAGE

PREMIER JOUR

Le Départ.

Rien de plus négligé peut-être que le départ du Pèlerinage, et néanmoins rien de plus important. C'est un commencement, et toujours du commencement de l'œuvre en dépendent la suite et la fin. Aussi l'Église a-t-elle voulu régler elle-même, dans son *Rituel* et son *Missel*, tous les détails d'un acte si décisif.

Les pèlerins qui s'en vont à quelque lieu saint, dit le **Rituel**, *devront, conformément aux antiques institutions, recevoir de leur pasteur des lettres de recommandation. Ces lettres obtenues et leurs affaires mises en ordre, ils feront la confession de leurs péchés, ils entendront la messe en laquelle se dira l'oraison* **pour les pèlerins**, *et ils y recevront dévotement la Sainte-Eucharistie. La messe finie, le prêtre dira en leur présence, et pendant qu'ils se tiendront à genoux, le cantique* **Benedictus Dominus Deus Israël**, *les versets avec l'oraison de* **l'Itinéraire des clercs**, *et l'oraison propre aux pèlerins. Ensuite, il les aspergera d'eau bénite, en prononçant sur eux les paroles de la bénédiction :* Pax et benedictio Dei omnipotentis † Patris et Filii et Spiritus Sancti descendat super vos et maneat semper, Amen.

Plusieurs exercices particuliers sanctifieront donc cette première journée : la *messe du départ*, la *bénédiction* et *l'imposition des croix de pèlerinage*, les *prières de l'itinéraire*, la *méditation*, la *neuvaine*.

1. MESSE DU DÉPART

Cette messe : *Pro Peregrinantibus* (1), se trouve parmi les votives placées à la fin du missel.

Elle renferme un introït, des oraisons, une épître, un graduel, un évangile, un offertoire et une communion propres.

L'épître rappelle les faveurs admirables faites à Jacob durant son lointain pèlerinage, alors qu'il fuyait la colère d'Esaü ; l'Évangile rapporte les recommandations adressées par le Sauveur aux soixante-dix disciples, le jour où il les envoya par toute la Galilée annoncer l'approche du royaume de Dieu ; les oraisons demandent la protection particulière de Dieu contre les ennemis et les dangers de la route.

2. BÉNÉDICTION ET IMPOSITION DES CROIX DE PÈLERINAGE

Quand revint la pieuse pratique des pèlerinages au tombeau des Apôtres, N. T. S. P. le Pape Pie IX daigna donner de sa main aux pèlerins, comme emblème de leur croisade pacifique, la croix de laine rouge avec la devise : **Christo Domino servire**; *Servir le Christ, Notre-Seigneur.*

---

(1) Comme toutes les messes votives simples, la messe *Pro Peregrinantibus* ne peut être dite qu'aux jours semi-doubles ou d'un rite inférieur ; tous les autres jours, sauf ceux de 1re classe, elle sera remplacée par des mémoires à la *Collecte*, à la *Secrète* et à la *Postcommunion*. Il importe de ne pas omettre au moins ces mémoires.

Rien n'empêche de la célébrer la veille ou l'avant-veille du départ.

Cet emblème s'impose donc aux pèlerins de Notre-Dame de Lourdes.

Les croix sont bénites par l'Evêque du diocèse, autant que possible ; mais à son défaut, elles peuvent l'être par le curé de la paroisse ou tout autre prêtre.

Le jour du départ, les pèlerins viennent les recevoir dans une église, selon le cérémonial suivant :

1º *Chant du cantique du Pèlerinage, ou, s'il n'y en a pas de spécial, de celui du Sacré-Cœur, ou de Notre-Dame de Salut.*

2º *Allocution sur la signification des croix, emblèmes de pénitence et de prières et signes distinctifs de notre croisade pacifique pour la délivrance du Saint-Père et le salut de la France.*

3º *Bénédiction des croix, avec la formule qui suit :*

℣ Adjutorium nostrum ✝ in nomine Domini,
℟ Qui fecit cœlum et terram.
℣ Domine exaudi orationem meam.
℟ Et clamor meus ad te veniat.
℣ Dominus vobiscum.
℟ Et cum spiritu tuo.

Oremus.

Rogamus te, Domine sancte, Pater omnipotens, æterne Deus, ut digneris benedicere ✝ hæc signa crucis tuæ, ut sint remedium salutare generi humano, sint soliditas fidei, profectus bonorum operum, redemptio animarum ; sint solamen et protectio, ac tutela contra sæva jacula inimicorum. Per Christum Dominum nostrum. Amen.

Cette oraison finie, le prêtre asperge les croix d'eau bénite.

4º *Distribution des croix. Les pèlerins viennent se ranger à genoux au pied de l'autel, et le célé-*

brant, aidé d'autres prêtres, s'il y a lieu, remet à chacun la croix bénite en disant :

Accipe signum crucis, ✝ in nomine Patris, et Filii et Spiritus sancti. Amen.

Avec l'autorisation de l'évêque, on pourra employer la formule suivante :

Accipe signum crucis, in nomine Pa ✝ tris, et Fi ✝ lii, et Spi ✝ ritus Sancti, in figuram crucis, passionis et mortis Christi; ad tui corporis et animæ defensionem, ut, divinæ bonitatis gratia, post iter expletum salvus et emendatus ad tuos valeas remeare : per Christum Dominum nostrum. Amen.

3. PRIÈRES DE L'ITINÉRAIRE

A la distribution des croix succèdent les prières de l'Itinéraire, qui pourront être dites à l'église ou dans les maisons. Ces prières, qui tiennent de l'Eglise, au nom de qui elles sont adressées à Dieu, une vertu particulière, sont aussi instructives que touchantes. Récitons-les avec attention et ferveur.

Ant. In viam pacis.

Benedictus Dominus Deus Israël, quia visitavit et fecit redemptionem plebis suæ,

Et erexit cornu salutis nobis, in Domo David pueri sui ;

Sicut locutus est per os sanctorum, qui a sæculo sunt Prophetarum ejus,

Salutem ex inimicis nostris, et de manu omnium qui oderunt nos;

Ad faciendam misericordiam cum patribus nostris, et memorari testamenti sui sancti;

Ant. Que la paix de Dieu vous accompagne.

Béni soit le Seigneur, le Dieu d'Israël, de ce qu'il a visité et racheté son peuple,

Et nous a suscité un Sauveur puissant dans la maison de son serviteur David;

Selon qu'il a promis par la bouche de ses saints prophètes, qui ont été dès les temps les plus anciens,

De nous sauver de nos ennemis et de la main de tous ceux qui nous haïssent,

Pour accomplir ses miséricordes envers nos pères, en souvenir de son alliance sainte;

Jusjurandum quod juravit ad Abraham patrem nostrum, daturum se nobis,

Ut sine timore de manu inimicorum nostrorum liberati, serviamus illi,

In sanctitate et justitia coram ipso, omnibus diebus nostris.

Et tu, puer, Propheta Altissimi vocaberis : præibis enim ante faciem Domini parare vias ejus;

Ad dandam scientiam salutis plebi ejus, in remissionem peccatorum eorum;

Per viscera misericordiæ Dei nostri, in quibus visitavit nos Oriens ex alto,

Illuminare his qui in tenebris et in umbrâ mortis sedent, ad dirigendos pedes nostros in viam pacis.

Gloria Patri, etc.

Ant. In viam pacis et prosperitatis dirigat nos omnipotens et misericors Dominus; et Angelus Raphaël comitetur nobiscum in via, ut cum pace, salute et gaudio revertamur ad propria.

Kyrie, eleison.

Christe, eleison.

Kyrie, eleison.

Pater noster, etc.

Et ne nos inducas in tentationem;

Selon le serment qu'il a juré à Abraham notre père de faire pour nous,

Qu'étant délivrés de nos ennemis, nous le servions sans crainte,

Dans la sainteté et la justice, marchant devant lui tous les jours de notre vie.

Et toi, petit enfant, tu seras appelé Prophète du Très Haut : car tu marcheras devant la face du Seigneur pour lui préparer les voies;

Pour donner au peuple la science du salut, et pour la rémission de ses péchés;

Par les entrailles de la miséricorde de notre Dieu, avec lesquelles est venu nous visiter le soleil se levant d'en-haut,

Pour éclairer ceux qui sont assis dans les ténèbres et l'ombre de la mort, pour diriger nos pieds dans une voie de paix.

Gloire au Père, etc.

Ant. Que le Seigneur tout-puissant et miséricordieux nous mette en chemin, nous donnant paix et prospérité; que l'Ange Raphaël nous accompagne le long de la route, que nous rentrions chez nous en paix, joie et santé.

Seigneur, ayez pitié de nous.

Jésus-Christ, ayez pitié de nous.

Seigneur, ayez pitié de nous.

Notre Père, etc.

Ne nous laissez pas succomber à la tentation;

Sed libera nos a malo.

℣ Salvos fac servos tuos,

℞ Deus meus, sperantes in te.

℣ Mitte nobis, Domine, auxilium de sancto,

℞ Et de Sion tuere nos.

℣ Esto nobis, Domine, turris fortitudinis,

℞ A facie inimici.

℣ Nihil proficiat inimicus in nobis.

℞ Et filius iniquitatis non apponat nocere nobis.

℣ Benedictus Dominus, die quotidie.

℞ Prosperum iter faciat nobis Deus salutarium nostrorum.

℣ Vias tuas, Domine, demonstra nobis.

℞ Et semitas tuas edoce nos.

℣ Utinam dirigantur viæ nostræ.

℞ Ad custodiendas justificationes tuas.

℣ Erunt prava in directa.

℞ Et aspera in vias planas.

℣ Angelis suis Deus mandavit de te.

℞ Ut custodiant te in omnibus viis tuis.

℣ Domine, exaudi orationem meam.

℞ Et clamor meus ad te veniat.

℣ Dominus vobiscum.

℞ Et cum spiritu tuo.

Mais délivrez nous du mal.

℣ Rendez saufs vos serviteurs.

℞ Mon Dieu, ils espèrent en vous.

℣ Du saint des saints envoyez-nous secours.

℞ Des hauteurs de Sion protégez-nous.

℣ Soyez-nous une défense puissante.

℞ En présence de l'ennemi.

℣ Que l'ennemi ne puisse rien contre nous.

℞ Et que le fils d'iniquité n'ait point le pouvoir de nous nuire.

℣ Que le Seigneur soit béni chaque jour.

℞ Et qu'il rende prospère notre pèlerinage, le Dieu qui nous a sauvés.

℣ Seigneur, montrez-nous vos voies.

℞ Ouvrez-nous vous-même vos sentiers.

℣ Que nos démarches soient réglées.

℞ Afin que nous nous tenions dans la voie de vos commandements.

℣ Les chemins tortueux deviendront droits.

℞ Et les raboteux unis.

℣ Pour vous il a fait un commandement à ses anges.

℞ De vous garder dans toutes vos voies.

℣ Seigneur, exaucez ma prière.

℞ Et que mon cri parvienne jusqu'à vous.

℣ Que le Seigneur soit avec vous.

℞ Et avec votre esprit.

Oremus.

Deus qui filios Israël per maris medium sicco vestigio ire fecisti ; quique tribus Magis iter ad te, stella duce, pandisti ; tribue nobis, quæsumus, iter prosperum tempusque tranquillum ; ut angelo sancto tuo comite, ad eum quo pergimus locum, ac denum ad æternæ salutis portum pervenire feliciter valeamus.

Deus qui Abraham puerum tuum de Ur Chaldæorum eductum, per omnes suæ peregrinationis vias illæsum custodisti ; quæsumus ut nos famulos tuos custodire digneris : esto nobis, Domine, in procinctu suffragium, in via solatium, in æstu umbraculum, in pluvia et frigore tegumentum, in lassitudine vehiculum, in adversitate præsidium, in lubrico baculus, in naufragio portus ; ut, te duce, quo tendimus, prospere perveniamus, et demum incolumes ad propria redeamus.

Adesto, quæsumus, Domine, supplicationibus nostris, et viam famulorum tuorum in salutis tuæ prosperitate dispone ; ut inter omnes viæ et vitæ hujus varietates, tuo semper protegamur auxilio.

Prions.

O Dieu ! qui avez fait passer la mer à pied sec aux fils d'Israël, qui par une étoile avez tracé aux Rois Mages la route qui les conduisait à vous : accordez-nous, s'il vous plaît, bon voyage et temps favorable, afin que tous, sous la conduite des saints anges, nous arrivions heureusement au sanctuaire que nous allons visiter, et plus tard au port du salut éternel.

O Dieu ! qui avez gardé sain et sauf Abraham dans toutes ses pérégrinations, lors de sa sortie de Ur en Chaldée, daignez, nous vous en prions, garder aussi vos serviteurs. Favorisez-nous d'abord dans nos apprêts ; puis soyez-nous vous-même le charme de la route : servez-nous d'ombrage contre la chaleur, d'abri contre la pluie et le froid, de char dans la lassitude, de force contre les obstacles, de bâton aux endroits glissants, de port dans le naufrage ; afin que, sous votre conduite, nous arrivions heureusement là où nous allons et revenions au foyer pleins de santé et de vie.

Prêtez l'oreille, Seigneur, à nos supplications et disposez toutes choses pour que vos serviteurs trouvent dans leurs voies prospérité et salut, et que, au milieu de toutes les vicissitudes de la route et de la vie, nous soyons toujours couverts de votre protection.

Præsta, quæsumus, omnipotens Deus, ut familia tua per viam salutis incedat et B. Joannis præcursoris hortamenta sectando, ad eum quem prædixit, secura perveniat, Dominum nostrum Jesum Christum Filium tuum : qui tecum vivit et regnat, etc.

℣ Procedamus in pace.

℟ In nomine Domini. Amen.

Nous vous supplions, Dieu tout-puissant, que vous accordiez à votre famille de marcher dans la voie du salut, et que, se conformant aux exhortations du B. Jean le Précurseur, elle arrive en toute sécurité à Celui qu'il a prêché, Jésus-Christ votre Fils Notre-Seigneur.

℣ Partons en paix.

℟ Au nom du Seigneur. Ainsi soit-il.

4. MÉDITATION

OBJET ET BUT DES PÈLERINAGES EN GÉNÉRAL

Advena ego sum et peregrinus ante te, sicut fuerunt patres nostri.

Je suis devant vous comme un étranger et un pèlerin, de même que l'ont été avant moi tous nos pères.

(Ps. XXVIII, 13).

Qu'est-ce qu'un Pèlerinage? C'est une démarche pieuse faite par manière de processsion publique vers quelque sanctuaire privilégié, pour s'y trouver en communication plus intime avec Dieu, avec la Sainte Vierge, avec les Saints, et en rapporter une abondance plus grande de grâces spirituelles et temporelles.

Pourquoi cette démarche? 1º pour nous aider à mieux comprendre le sens et le but de la vie présente; 2º pour entrer dans les vues providentielles de la miséricorde divine à notre égard; 3º pour continuer les usages de nos pères et suivre la tradition de toute l'Eglise.

I. Et d'abord, nous nous faisons pèlerins pour nous aider à mieux comprendre le but de la vie présente. Que d'ineffables harmonies, en effet, entre la vie de l'homme sur la terre et nos pèlerinages de dévotion !

Semblables à l'étranger de la parabole évangélique, qui descend de Jérusalem à Jéricho, c'est-à-dire de la cité de la vie à celle de la ruine et de la mort, nous allons tous, pèlerins forcés, par des chemins semés de fatigues et de périls, de la demeure du temps à celle de l'éternité. « La loi est prononcée, dit Bossuet, il faut marcher, il faut courir, et les heures se précipitent. Bientôt, tout commence à défaillir, c'est l'ombre de la nuit qui vient ; encore un pas, et il n'y a plus de temps, l'éternité commence. » Ainsi s'écoulent les jours qui composent notre existence,... à travers un lieu de passage.

Oui, un pèlerinage continu, telle est en vérité notre vie sur la terre. Ainsi la comprenaient les anciens patriarches : ainsi la comprenait David, lorsqu'il se proclamait **le pèlerin du Seigneur** : *Advena ego sum et peregrinus ante te.* Ainsi la comprenait le vieux Jacob, lorsqu'il appelait « courts et mauvais les jours de *son pèlerinage en ce monde.* » Ainsi l'avait lui-même comprise Abraham, alors qu'il eut entendu le Seigneur nommer la terre qu'il habitait « la terre de son pèlerinage : *terram peregrinationis tuæ.* » Telle l'a voulue le Maître suprême, lorsque « faisant naître d'un seul homme tout le genre humain, et lui donnant le globe entier pour demeure, il nous a *envoyés,* dit saint Paul, **à la recherche de Dieu** : *quærere Deum...* » Ainsi faut-il que nous la comprenions à notre tour, « sachant bien, ajoute le même Apôtre, que tant que nous sommes dans notre corps, loin du Seigneur, notre vie est une course de pèlerins, en pays étranger : *Scientes quoniam dum sumus in corpore,*

7

peregrinamur a Domino. » (2 Cor. v, 6.)

La vie de l'Homme-Dieu lui-même fut-elle autre chose qu'un douloureux pèlerinage, de la Crèche au Calvaire ? L'Évangile ne la résume-t-il pas dans ce mot : *transiit*, il passa ?... « Vous êtes donc vous seul pèlerin dans Jérusalem, lui disent les deux disciples de Jérusalem : *Tu solus peregrinus in Jerusalem?* » Et il accepte cette qualification.

Et la Mère de Dieu parle de même : « Combien mon pèlerinage se prolonge, disait-elle après l'Ascension de son divin Fils : *Incolatus meus prolongatus est !* »

II. Cependant, pourra-t-on dire : Est-ce que Dieu n'est pas présent partout pour y entendre nos vœux ? Pourquoi donc le chercher si loin ?

Sans doute, Dieu est partout et il peut nous exaucer partout : *Domini est terra et plenitudo ejus.* Toutefois, de même qu'il y a des âmes particulièrement comblées de bénédictions et de grâces, de même y a-t-il, au témoignage des Saintes Écritures, certains lieux privilégiés desquels on doit dire avec Jacob, le patriarche des anciens jours : *C'est vraiment ici la maison de Dieu et la porte du Ciel.*

N'est-il pas juste d'aller chercher les grâces divines là où Dieu, pour des raisons connues de Lui, se plaît à les départir ?

Un savant, un artiste, un amateur, visitent au loin les chefs-d'œuvre les plus célèbres des arts et des sciences ; le pèlerin n'obéit pas à un attrait différent quand il se déplace pour contempler, non point ces œuvres d'un jour que le temps démolit en silence, mais les immortels monuments de la grâce divine, les théâtres des apparitions célestes, les saints et leurs héroïques vertus.

Un tempérament fatigué va demander à d'autres climats, quand il le peut, l'air et la chaleur qui donneront du ressort à ses organes et renouvelleront sa vigueur. Ainsi fait le chrétien quand il se sent atteint de quelque infirmité morale, rebelle jusqu'alors à toute guérison; il s'en va, lui aussi, chercher la santé de l'âme dans l'un de ces lieux de dévotion tout imprégnés de vertu et de sainteté. « Là, il respire un air nouveau, un air que la piété des générations a embaumé de ses parfums vivifiants. Là, il recueille la bonne odeur du Christ, qui s'échappe de la vie et de la personne des Saints; là, il sent son cœur se dilater au souffle de la grâce; là, s'ouvre devant lui la piscine sainte, où la faiblesse disparaît avec ses souillures; là, son esprit se repose dans le calme de la retraite et dans le silence de la solitude; là, tout son être moral se retrempe aux sources pures et vives de la foi; et enfin, après avoir achevé ce traitement spirituel, il s'en retourne soulagé et comme refait, rapportant au foyer domestique, avec un surcroît de forces morales, une abondance de vie divine qu'il ne s'était pas connue jusqu'alors...

« Tels sont, ajoute excellemment Mgr Freppel, les résultats de ces voyages de dévotion qui occupent une si grande place dans la piété des peuples; et c'est pourquoi Dieu a échelonné de distance en distance, ces stations de la foi où sa grâce opère avec plus de force et d'efficacité. De même qu'il a réparti, sur divers points du globe, et ouvert çà et là, dans les entrailles de la terre, des sources de vie qui jaillissent pour la santé du corps, des filons de métal liquide, des veines d'eaux médicales, d'où s'échappe une vertu toujours féconde; ainsi a-t-il fait dans la région des âmes.

Les lieux de pèlerinage sont, pour ainsi parler, les *eaux thermales* de la piété, les bains spirituels où les âmes viennent se régénérer, en y puisant une nouvelle force. C'est là que s'opèrent ces réactions salutaires, ces retours soudains, ces secousses imprévues qui arrêtent les progrès du mal et impriment à la vie un autre cours. »

III. Enfin, nous allons en pèlerinage pour faire comme ont fait nos pères : *sicut fecerunt patres nostri ;* car, les pèlerinages ont toujours été dans les mœurs de l'humanité, aussi bien que dans la tradition de l'Eglise.

On les trouve déjà en honneur sous l'ancienne loi. Chaque année, les hommes d'Israël se rendaient à la bourgade où avait été déposée l'Arche Sainte : à Silo, à Béthel, etc.; et plus tard, quand le Temple eut été construit, c'était Jérusalem qui, trois fois par an, leur ouvrait ses murs aux jours des grandes solennités. Chacun quittait alors l'ombre de sa vigne et de son figuier ; le concours était immense ; et, après avoir, tous ensemble, *adoré le Seigneur au lieu où s'étaient reposés ses pieds*, ils retournaient au foyer de la famille, chargés des plus précieuses bénédictions.

Mais, nous le savons, dans l'Ancien Testament rien n'arrivait qu'en figure, de sorte que les pèlerinages ne devaient avoir leur réel développement et porter tous leurs fruits qu'avec la nouvelle Alliance. Cette fructification arriva vite.

Dès l'origine, pendant les siècles de persécutions, les fidèles faisaient aux jours de fête le pèlerinage des Catacombes, où ils avaient déposé les ossements de leurs frères martyrs.

Quand la paix fut donnée à l'Eglise, cette forme de la piété s'épanouit au grand jour, et le zèle pour les pèlerinages aux lieux saints alla croissant pendant de longs siècles. Que de pèlerinages célèbres à citer, si nous pouvions entrer dans le détail?

C'était, au loin, le pèlerinage de Jérusalem, au sujet duquel les chroniques racontent des choses si merveilleuses; — c'était, par delà les monts, le pèlerinage de Rome, alors que pendant des siècles, sous le souffle de la foi ardente de nos aïeux, des montagnes humaines se levaient comme un seul homme pour aller prier aux tombeaux des saints Apôtres; — c'étaient, en France, les pèlerinages de N.-D. du Puy, de N.-D. du Port, de N.-D. de Roc-Amadour, de saint Martin et cent autres.

Résolution. — Pèlerins de la terre, nous réglerons notre vie présente de telle sorte qu'elle soit toujours pour nous le chemin du ciel.

Prière. — O Notre-Dame de Lourdes, ô Vierge Immaculée, ô Marie, Vous dont l'ineffable nom est glorifié au Ciel et sur la terre, priez pour nous, priez pour ceux qui, avec le Psalmiste, se reconnaissent *pèlerins et étrangers* sur cette terre.

Saint Dié, saint Mansuy, saint Clément, fondateurs et premiers évêques de nos églises, priez pour ceux qui veulent marcher sur vos traces, à la recherche de leur Dieu.

5. NEUVAINE EN L'HONNERR DE L'IMMACULÉE-CONCEPTION DE MARIE POUR LES MALADES (1)

Venez, Esprit Saint, remplissez les cœurs de vos fidèles et allumez en eux le feu de votre amour.

℣ Envoyez votre Esprit, et tout sera créé.

℟ Et vous renouvellerez la face de la terre.

(1) Empruntée à l'excellent opuscule du R. P. de Franciosi, S. J. : *Marie, Mère de Dieu est toujours Vierge, a été conçue sans péché,* 2e édition . augmentée de la Bulle *Ineffabilis.* — Nancy, WAGNER, 0 fr. 60, *franco.*

Prions : O Dieu ! qui avez instruit les cœurs des fidèles par la lumière du Saint-Esprit, accordez-nous que ce même esprit nous fasse goûter et aimer le bien et qu'il répande en nous sa consolation; nous le demandons par Notre-Seigneur Jésus-Christ. Ainsi soit-il.

Vierge très pure, conçue sans péché, toute belle et sans tache dès le premier instant, Mère de Dieu, Reine des anges et des hommes, je vous révère humblement comme la Mère de mon Sauveur. C'est votre adorable Fils qui, tout Dieu qu'il était, m'a enseigné, par son estime, par son respect, sa soumission envers vous, quels honneurs et quels hommages je dois vous rendre. Vous êtes le refuge assuré des pécheurs repentants; j'ai donc raison de recourir à vous. Vous êtes la Mère de Miséricorde; vous ne pouvez donc pas ne pas vous attendrir à la vue de mes misères. Vous êtes après Jésus toute mon espérance; comment n'agréeriez-vous pas ma confiance ? Rendez-moi donc digne d'être appelé votre enfant, afin que je puisse vous dire avec assurance : *Montrez que vous êtes ma Mère !*

On récite neuf Ave Maria, *un* Gloria Patri, *puis la prière indiquée ci-après pour chaque jour :*

1er Jour. — O Marie, Vierge Immaculée, me voici à vos pieds ! Je me réjouis avec vous de ce que vous avez été choisie de toute éternité pour être la Mère du Verbe éternel et préservée de la tache originelle. — Je remercie et bénis la Très Sainte Trinité qui vous a accordé tous ces privilèges dans votre Conception. — Je vous supplie humblement de m'obtenir la grâce de triompher des tristes suites laissées en moi par le péché originel. Faites que je les surmonte et que je ne cesse jamais d'aimer mon Dieu !

Ensuite on continue ainsi :

℣ Vous êtes toute belle, ô Marie !

℟ Et la tache originelle n'est point en vous !

℣ Vous êtes la gloire de Jérusalem !

℟ Vous êtes la joie d'Israël !

℣ Vous êtes l'honneur de votre peuple !

℟ Vous êtes l'avocate des pécheurs.

℣ Priez pour nous !

℟ Intercédez pour nous.

Prions.

O Dieu ! qui en préservant la glorieuse Vierge du péché originel, avez ainsi préparé une digne demeure à votre Fils dans le sein de cette Vierge Immaculée, nous vous supplions que, comme vous l'avez mise hors de toute atteinte du péché, en prévision des mérites de ce même Fils, vous daigniez aussi, à sa demande, nous faire la grâce d'arriver à vous, purifiés de nos péchés; nous vous en conjurons par Notre-Seigneur Jésus-Christ. Ainsi soit-il.

On termine l'exercice en implorant la faveur qu'on désire, et on précise l'acte de vertu qu'on se propose de pratiquer, ce qui peut se faire à peu près comme il suit :

Vierge pleine de bonté et de puissance auprès du Seigneur, obtenez-moi... (*indiquer la grâce spirituelle ou corporelle*), et si ce que je demande n'est pas selon la gloire de Dieu et le bien de mon âme, obtenez-moi ce qu'il y a de plus conforme à l'un et à l'autre. De mon côté, pour être agréable à vous et à votre Fils, je veux aujourd'hui... (*déterminer ce qu'on a l'intention de faire*). Aidez-moi à accomplir ma résolution.

Aspirations en l'honneur de l'Immaculée-Conception.

— Cœur Immaculé de Marie, priez pour nous. (*Indulgence de 100 jours*, PIE IX, 10 Juin 1869.)

— Ô Marie, qui êtes entrée dans le monde sans tache, ah ! obtenez-moi de Dieu de pouvoir en sortir dans le même état ! (*Indulgence de 100 jours une fois le jour*, PIE IX, 27 Mars 1863.)

— Bénie soit la Sainte, Immaculée et très Pure Conception de la Bienheureuse Vierge Marie, Mère de Dieu ! (*300 jours chaque fois*, LÉON XIII, 10 Septembre 1878.)

— Doux Cœur de Marie, soyez mon Salut ! (*300 jours chaque fois, Indulgence plénière une fois par mois*, PIE IX, 30 Septembre 1852.)

— Vierge Marie, Immaculée dans votre Conception, priez pour nous le Père, dont vous avez enfanté le Fils Jésus, que vous aviez conçu du Saint-Esprit ! (*Indulgence de 100 jours chaque fois*, PIE VI, 21 Novembre 1791.)

Litanies de la Sainte Vierge, page 21.

DEUXIÈME JOUR

Les Stations.

Le deuxième jour du Pèlerinage est celui des stations intermédiaires accomplies sur le chemin de la Grotte.

Comme l'abeille va butiner sur toutes les fleurs la goutte de miel que la rosée du matin y dépose, ainsi doit faire notre âme dans tous les lieux où Dieu daigne y manifester sa présence d'une manière plus sensible et y répandre des grâces de choix, et telle est la raison surnaturelle de nos stations à Montmartre, à Notre-Dame des Victoires, à Paray-le-Monial, etc.

D'ailleurs, ces rapides stations sont dans l'esprit de l'Église. Les processions, en effet, ne passent jamais devant un sanctuaire sans s'y arrêter et sans y chanter quelque prière.

Faisons-les avec foi, avec confiance, avec la plus grande reconnaissance envers la bonté divine, qui se plaît à nous ménager, en tant de lieux, des sources inépuisables de grâces spéciales.

(Voir à la 4me partie la notice consacrée à cha-

cun des sanctuaires qui sont l'objet d'une visite
pendant le pèlerinage.)

1. MÉDITATION

LES PÈLERINAGES EN L'HONNEUR DE MARIE

Posuerunt me custodem.
Ils m'ont mise pour le garder.
(CANT. I, 5.)

Notre-Seigneur, non content de laisser au
monde la Très Sainte Eucharistie, a daigné l'enrichir d'un autre trésor en lui donnant Marie
pour Gardienne et pour Mère; et de même que
par sa volonté, le sacrifice des autels est offert et
répand ses fruits dans tous les pays du globe, de
même il a voulu faire éclater la protection et les
bienfaits de la Vierge Sainte sur tous les points
de la chrétienté ! C'est ainsi que, en Europe, en
France, en Lorraine, partout, en retour des bienfaits reçus et comme gages de reconnaissance, les
pèlerinages se sont multipliés en l'honneur de
Marie.

I. L'Europe chrétienne tout entière est couverte
des sanctuaires de Marie, où les pèlerins vont
porter leurs prières et leurs vœux.

En Italie, c'est : — à Rome, *Sainte-Marie-Ma-
jeure,* avec le portrait de la Mère de Dieu peint
par saint Luc, et l'écho du chant du *Regina cœli
lætare,* par lequel les Anges, dont Marie est la
Reine, répondirent un jour à la messe qu'y célé-
brait saint Grégoire; — à Lorette, la *Sainte Maison,*
le lieu le plus sacré de l'univers, après le Golgotha; — au nord, au midi et partout des lieux de
pèlerinages en nombre tel qu'on a pu dire qu'il
n'est pas, en ce pays, une seule ville où Notre-
Dame ne se soit manifestée par des miracles...

En Espagne, c'est *Notre-Dame du Pilier*, dont tous connaissent la suave tradition. Quand saint Jacques vint évangéliser ce pays, il invoqua sur ses travaux apostoliques la protection de la Sainte Vierge, qui vivait encore, et Marie, accourant à son appel, lui apparut sur le pilier resté à jamais célèbre...

En Suisse, c'est *Notre-Dame des Ermites*, sanctuaire dont la dédicace fut faite par Notre-Seigneur lui-même dans une apparition miraculeuse...

Il faudrait, pour la simple énumération de tous ces merveilleux sanctuaires, des volumes entiers.

II. Aucune contrée cependant ne l'emporte sur la France, pour le nombre des lieux de pèlerinages en l'honneur de Marie. Aucune n'a reçu de plus éclatants témoignages de sa protection. Tellement que nos pères, qui acclamaient le Christ comme leur roi : « *Vivat, qui Francos diligit, Christus;* Vive le Christ, qui aime les Francs, » regardaient aussi Marie comme leur Reine : « *Regnum Galliæ, regnum Mariæ;* le royaume de la France, c'est le royaume de Marie. »

Sainte Brigitte raconte, au cours de ses *Révélations*, qu'elle vit un jour dans le ciel saint Denys l'Aréopagite, notre premier apôtre, s'adresser à Marie et la supplier de secourir le pays de France, et elle entendit la divine Mère répondre qu'elle le ferait toujours. Ayons sans cesse présente à l'esprit une promesse si consolante pour nous.

Cette promesse, la Mère de Dieu l'a tenue, et elle la tiendra encore.

En effet, sur quel coin de notre patrie Marie n'a-t-elle pas marqué son empreinte ? C'est Notre-Dame de Chartres, le plus ancien autel élevé ici-bas en son honneur. C'est Notre-Dame des Victoires, Notre-Dame de Bétharram, Notre-Dame de Fourvière, Notre-Dame de la Garde, Notre-Dame de l'Epine, Notre-Dame de Rocamadour, Notre-Dame de la Treille, Notre-Dame du Port, Notre-Dame du Puy..... C'est Notre-Dame de Liesse et sa touchante légende,..... et des milliers d'autres encore, dont nous parle si suavement le pieux auteur de l'*Histoire des Pèlerinages français de la Sainte Vierge.*

Et dans ce siècle, voulant montrer que, malgré les infidélités de la plupart, elle n'oublie pas ses enfants, Marie continuait, par les solennelles apparitions de la Salette, de Lourdes et de Pontmain, la chaîne des antiques traditions de son amour pour la France.

III. La Lorraine et l'Alsace ont eu leur grande part dans ces faveurs de choix, si bien que leur histoire n'est le plus souvent que l'histoire même du culte de la Sainte Vierge. Chacun de nos diocèses a sa couronne de sanctuaires et de pèlerinages à Marie.

Que de pèlerins sont allés s'agenouiller en ces divers lieux ! Que d'infirmes y ont trouvé leur guérison ! La dévotion envers Marie était si vivement entretenue dans notre Lorraine, par des grâces de tous genres, que pendant longtemps, en plusieurs endroits, comme à Saint-Dié, le peuple fidèle s'abstenait de travail servile l'après-midi du samedi, passant cette moitié du jour consacré à la Mère de Dieu au pied de ses autels.....

Résolution. — Nous regarderons toujours comme notre titre le plus cher, celui d'être les enfants et les dévots serviteurs de la Vierge Marie. C'est le gage assuré de notre salut éternel.

Pensée. — Marie nous appelle, et elle nous attend les mains pleines de grâces. Nous ne négligerons rien pour nous rendre dignes de ses faveurs.

Prière. — O Notre-Dame de Lourdes, ô Vierge sainte restée debout au pied de la Croix où Jésus vous proclama notre Mère, priez pour nous; priez pour ceux qui se glorifient d'être vos enfants de prédilection !

2. NEUVAINE

Venez, Esprit-Saint, etc. (page 101.)

2e jour. — O Marie, lis immaculé d'innocence ! je me réjouis avec vous de ce que, dès le premier instant de votre Conception, vous avez été comblée de grâces et mise en possession du plein usage de votre raison. Je remercie et j'adore la Très Sainte Trinité qui vous a enrichie de dons si précieux, et je me confonds devant vous en me voyant si pauvre et si dépourvu de grâces. Donnez-moi quelque part aux faveurs dont vous avez été si généreusement dotée, et faites-moi participer aux trésors de votre Immaculée-Conception.

(Neuf *Ave Maria,* un *Gloria Patri. Vous êtes toute belle,* etc., page 102.)

TROISIÈME JOUR

Le Pèlerinage de Lourdes.

L'Église, dans la concession qu'elle a faite au mois de juillet 1890, d'un *Office* et d'une *Messe* propres de l'Apparition de Notre-Dame, s'est prononcée, autant qu'elle peut le faire dans les choses qui ne sont pas du domaine de la foi, sur la réalité et la divinité de cette Apparition. Méditons les « Leçons » qu'elle a composées pour le nouvel Office.

MÉDITATION DU MATIN

L'APPARITION DE LOURDES RECONNUE PAR L'ÉGLISE

IVe LEÇON. — « En la quatrième année depuis

la définition dogmatique de l'Immaculée-Conception de la Bienheureuse Vierge, aux bords du torrent du Gave, près de la ville de Lourdes, du diocèse de Tarbes, en France, la Vierge elle-même s'est montrée plusieurs fois dans une anfractuosité de rocher, au-dessus de la Grotte de Massabielle, à une jeune fille appelée Bernadette dans l'idiome populaire, très pauvre, il est vrai, mais candide et pieuse. L'aspect de l'Immaculée Vierge respirait la jeunesse et la bonté; elle était vêtue d'une robe et d'un voile blancs comme la neige, et portait une ceinture bleue; ses pieds nus étaient parés d'une rose d'or. Le premier jour de l'Apparition, qui était le onzième de février, en l'an mil huit cent cinquante-huit, Elle apprit la jeune fille à faire dignement et pieusement le signe de la croix et, prenant en main le chapelet qui auparavant tombait suspendu de son bras, Elle l'encouragea par son exemple à la récitation du Saint Rosaire : ce qu'Elle fit aussi pendant les autres Apparitions. Le jour de la seconde Apparition, la jeune fille, redoutant une ruse du démon, jeta, dans la simplicité de son cœur, de l'eau bénite vers la Vierge; mais la Bienheureuse Vierge, avec un doux sourire, lui montra un visage plus bienveillant. Lorsqu'Elle lui apparut pour la troisième fois, Elle invita la jeune fille à venir à la Grotte pendant quinze jours. Dès lors, Elle lui parla souvent et l'exhorta à prier pour les pécheurs, à baiser la terre et à faire pénitence; puis Elle lui ordonna de dire aux prêtres qu'on devait lui bâtir là une chapelle et qu'on devait y venir en processions solennelles. De plus, Elle lui donna l'ordre de boire de l'eau et de se laver à la fontaine qui était encore cachée sous le sable, mais qui bientôt allait jaillir. Enfin, en la fête de l'Annonciation, la jeune fille, demandant avec instances le nom de Celle qui tant de fois avait daigné lui apparaître, la Vierge, rapprochant les mains sur sa poitrine, et levant les yeux vers le ciel, lui répondit : « JE SUIS L'IMMACULÉE-CONCEPTION. »

Ve LEÇON. — « La renommée des bienfaits qu'on disait avoir été reçus par les fidèles dans la Grotte sainte grandissant sans cesse, on voyait aussi augmenter de jour en jour le concours des hommes attirés à la Grotte par la vénération pour ce lieu. Aussi, poussé par la célébrité des prodiges et la candeur de la jeune fille, l'Évèque de Tarbes, quatre ans après les événements précités et à la suite d'un examen juridique des faits, reconnut dans son jugement que les caractères de l'Apparition étaient surnaturels et autorisa le culte de la Vierge Immaculée dans cette même Grotte. Bientôt une chapelle y fut bâtie ; à partir de ce jour, soit pour accomplir un vœu, soit pour présenter des prières, des foules presque innombrables de fidèles y accourent chaque année de France, de Belgique, d'Italie, d'Espagne, des autres contrées de l'Europe et même des régions éloignées de l'Amérique, et le nom de l'Immaculée de Lourdes devient de plus en plus célèbre par tout l'univers. L'eau de la fontaine portée dans toutes les parties du monde rend la santé aux malades. L'univers catholique reconnaissant pour tant de bienfaits, y a élevé des monuments sacrés d'un travail merveilleux. Des étendards sans nombre, témoignages des bienfaits reçus, et qui ont été envoyés par les cités et les nations, forment au temple de la Vierge une parure admirable. Là, comme sur son trône, la Vierge Immaculée est honorée sans interruption : le jour par les prières, le chant religieux et d'autres cérémonies solennelles, la nuit par ces processions sacrées, dans lesquelles des foules presque infinies de pèlerins s'avancent à la lumière des cierges et des flambeaux et chantent les louanges de la Bienheureuse Vierge. »

VIᵉ LEÇON. — « Ces pèlerinages ont réchauffé la foi refroidie de notre siècle, ont donné du courage pour professer la foi chrétienne et ont fait grandir d'une façon merveilleuse le culte de la Vierge Immaculée, comme tout le monde le connaît. Dans cette admirable profession de foi, le peuple chrétien a pour chefs les prêtres qui y amènent leurs peuples. Les évêques eux-mêmes visitent souvent le saint lieu, président aux pèlerinages et assistent aux fêtes les plus solennelles. Il n'est pas très rare de voir s'en approcher, comme d'humbles pèlerins, les princes de l'Eglise Romaine, revêtus de la pourpre. Les Pontifes Romains eux-mêmes, dans leur dévotion pour l'Immaculée de Lourdes, ont comblé le saint temple des dons les plus magnifiques. Pie IX l'a honoré en lui accordant des indulgences, le privilège d'une Archiconfrérie et le titre de Basilique mineure. Il a aussi voulu faire couronner solennellement, par son Nonce apostolique en France, la statue de la Mère de Dieu qu'on y vénère. Léon XIII, à son tour, l'a comblé d'innombrables bienfaits ; il a accordé des indulgences sous forme de Jubilé lors du vingt-cinquième anniversaire de l'Apparition, a encouragé les pèlerinages par son autorité et sa parole, et a fait faire en son nom la dédicace solennelle de l'Eglise du Rosaire. Il a mis le comble à ces bienfaits si grands, en daignant permettre, sur la demande d'un grand nombre d'évêques, de célébrer par un Office et une

Messe propres une fête solennelle sous le titre de l'Apparition de la B. V. Marie Immaculée. »

MÉDITATION DU SOIR

L'APPROCHE DE LOURDES

Le 3e jour du Pèlerinage est celui qui précède l'arrivée à Lourdes. C'est le jour des marches les plus longues et les plus fatigantes. Ayons patience. Que de chemin la Mère de Dieu n'a-t-elle pas fait la première pour venir à notre rencontre ? Tout le chemin du ciel à la terre. Celui que nous achevons, si long soit-il, n'est rien en comparaison. Puis, quand il s'agit d'une rencontre avec la Reine des Anges, avec notre Mère, qui de nous trouvera qu'il ait à chercher trop loin cette faveur ? Allons donc courageusement au rendez-vous ! Allons-y avant tout par le cœur ! Que nos désirs devancent la vitesse de nos chars de feu ! Pour enflammer encore davantage nos cœurs, nous méditerons ce soir sur le Pèlerinage de Lourdes en particulier, tel qu'il se présentera demain à nos regards émerveillés, avec sa Grotte, ses Piscines, sa Basilique.

Tu honorificentia populi nostri.
Vous êtes l'honneur de notre peuple.
JUD. XV, 10.

Nous approchons de Lourdes. Transportons-nous dès maintenant par la pensée en face de l'incomparable sanctuaire qui sera bientôt sous nos yeux. La Grotte, la blanche statue de l'Immaculée, la Source, la Piscine, le Gave, la Basilique, autant de voix qui nous parlent, autant d'organes des enseignements de Marie.

I. *Voix de la Grotte.* — Sur la montagne de la

Salette, Marie s'était arrêtée loin des foules, sur des hauteurs abruptes, où il était difficile de la rejoindre; mais à Lourdes, elle descend jusqu'au bord de la plaine, sur les voies les plus fréquentées de son royaume, afin qu'il n'y ait aucun de ses sujets qui ne puisse répondre à ses avances. O Mère chérie, soyez bénie pour tant de prévenances! Nous n'y demeurerons point indifférents.

Mais pourquoi, ô Marie, venez-vous dans les anfractuosités de ce rocher? Est-ce parce qu'il vous rappelle les grottes de Nazareth et de Bethléem? Il y a dans ce choix un autre mystère. Ecoutons l'Esprit-Saint : « Que vous êtes belle, ô ma colombe, que vous êtes belle dans les ouvertures de la pierre ! » disait-il de vous mille ans à l'avance, dans le *Cantique des Cantiques*. La pierre, c'est le Christ, c'est votre divin Fils ; les ouvertures de la pierre, ce sont les plaies faites par les clous et la lance dans sa chair sacrée, c'est la blessure de son cœur. C'est là, ô Marie ! votre demeure... le cœur blessé de votre divin Fils. Oui, c'est là que vous êtes venue vous établir, quand il vous a plu de vous révéler à nous dans tout l'éclat de votre incomparable beauté et de votre séduisante bonté! Attirez-nous-y avec vous. Ah ! puissions-nous tous, à la suite de la voyante des roches Massabielle, contempler là votre gloire de nos yeux purifiés et surnaturalisés !

II. *Voix de la statue de l'Immaculée.* — Dans la niche de la Grotte s'aperçoit la radieuse image de la Vierge, sculptée d'après les indications de Bernadette. L'art de la terre a fait ce qu'il a pu pour vivifier ce marbre qui respire la modestie, la douceur, la prière, l'extase... Mais combien l'IMMACULÉE est plus belle encore ! *Quam pulchra*

8

es amica mea!... O divine Mère, ôtez, nous vous en prions, ôtez le voile qui vous dérobe à nos regards ! Montrez-vous à nous ! *Monstra te !*

Une naïve légende raconte qu'un personnage d'autrefois, à force de contempler une image, en avait contracté la ressemblance. Quoi qu'il en puisse être de la légende, cela est vrai à la lettre de l'âme, miroir qui garde l'empreinte des objets qu'elle considère et qu'elle aime. O Marie, pendant que je m'arrêterai à contempler vos traits, faites rayonner vos vertus dans tout mon être !...

III. *Voix de la Source et des Piscines.* — Au fond de la Grotte, murmure la source qui a jailli sur l'ordre de Marie, et à côté s'ouvrent les piscines que cette source divine alimente.

L'histoire des siècles chrétiens montre que Dieu se plaît à faire jaillir des sources miraculeuses à la parole de ses serviteurs. A Lourdes, l'eau est survenue à la fois en témoignage de la vérité de l'Apparition de l'Immaculée et comme instrument de ses miséricordes. Autre Rebecca, Marie désaltère ici tous les Eliézers accourus pour lui demander à boire.

Lave mes yeux, mes lèvres et tout mon être, ô source bénie, afin que je sois tout à Dieu, tout à Marie !

La source céleste alimente les piscines de la Grotte, nouvelles Bethsaïda. Il y a dans la contrée beaucoup d'autres eaux célèbres. Elles soulagent quelques malades, mais innombrables sont les maux qui résistent à leur vertu et que guérit l'eau de Lourdes. Ce résultat jette le trouble dans le camp des faux sages. Les savants du jour multiplient les analyses ; ils voudraient demander à Dieu la raison de ses procédés et surprendre le jeu de sa puissance. Mais on n'évalue point par des équivalents et des formules les miséricordes infinies du Très-Haut et les ressources de son amour !... Pour nous, fidèles chrétiens, adorons le souverain Maître, croyons, ayons confiance, remercions et répondons aux largesses divines par des chants de foi, de bonheur et de paix.

IV. *Voix du Gave.* — Les flots du Gave, qui roulent et se précipitent, parlent également au pèlerin.

Ils sont l'image de la vie ! Les fleuves portent la fertilité dans la prairie; la vie bien employée nous mérite toutes les grâces. — Quelle force admirable peut être obtenue par un cours d'eau que l'on endigue et qu'une chute bien ménagée met en œuvre ! Quels prodiges n'opérerions-nous pas à notre tour, si nous savions endiguer de même nos plus menus instants et diriger leurs forces vers les œuvres que Dieu demande !...

Ils sont l'image des plaisirs fuyants de ce monde, souvent bourbeux, toujours impétueux, plus vite disparus qu'ils ne furent goûtés, submergeant et entraînant à une mort certaine quiconque se confie à eux. Fuyons ces vains plaisirs pour ne plus nous désaltérer qu'aux eaux limpides et tranquilles de la source donnée par Marie !

V. *Voix de la Basilique.* — Au-dessus de la Grotte et du rocher s'élève, avec sa crypte, la chapelle demandée par Marie. La crypte, humble et silencieux séjour où l'on prie si bien et où s'élèvent les tribunaux du pardon ! retraite ignorée dont rien n'apparaît au dehors, mais qui sert de fondement et de support à la merveilleuse Basilique ! Ainsi, la vie de prière, de pénitence et d'humilité soutient-elle tout l'édifice des vertus !

Je vous salue, Mère, vous êtes le Ciel ! Saint

Bernard a dit cette parole étonnante. Le pèlerin ravi est tenté de la répéter en entrant dans l'église de l'Immaculée-Conception. Quelle splendeur ! Quel trésor ! Et tout cela n'est qu'un reflet de vos gloires, ô Marie ! *Vous êtes le Ciel !* Comme au Ciel, ici tout se prosterne et implore...

Et ces bannières sans nombre, drapeaux sacrés sous lesquels sont rangées les tribus du nouvel Israël ! Pas un coin de terre qu'elles ne représentent devant la Mère de Dieu. Celles de Saint-Dié, de Nancy, de Metz et de Strasbourg, de toute notre Lorraine, y figurent à leur noble place... Puissent ces signaux de la croisade moderne arrêter les nouveaux barbares que l'enfer déchaîne aujourd'hui !... O Marie ! des multitudes vous suivent ; prenez par la main Jésus votre Fils, faites-le de nouveau proclamer roi par ce siècle qui est votre siècle, par notre patrie dont vous êtes la Reine immortelle : *oportet illum regnare;* nous marcherons au bon combat à sa suite. Encore une fois, *je vous salue, Mère, vous êtes le Ciel !*

Résolution. — En ces jours de respect humain et d'indifférence, nous nous rangerons vaillamment autour de notre Mère. Elle est aussi redoutable aux démons qu'une armée rangée en bataille. Nous serons des chrétiens non seulement pratiquants, mais militants. Nous prendrons une part active aux œuvres catholiques et nous tiendrons haut et ferme l'étendard de notre foi.

Pensée. — Marie est bonne pour tous ses enfants ; mais à l'imitation de son divin Fils, de qui le prophète a dit cette encourageante parole : **Bonus est occurrentibus se,** *Elle a des bontés particulières pour ceux* qui, allant à sa rencontre, mettent leur confiance dans sa protection maternelle.

Prière. — Notre-Dame de Lourdes, vous dont l'Apparition a tant réjoui le monde, priez pour ceux qui viennent de si loin chercher votre sourire et vos faveurs !

2. NEUVAINE

Venez Esprit-Saint, etc. (page 101.)

3e Jour. — O Marie, rose mystique de sainteté ! je me réjouis avec vous du glorieux triomphe que vous avez remporté sur le serpent infernal dans votre Immaculée-Conception, et de ce que vous avez été conçue sans la tache du péché originel. — Je remercie et loue de tout mon cœur la Très Sainte Trinité, qui vous a traitée avec une prédilection si singulière. — Je vous supplie de m'obtenir la grâce de surmonter toutes les embûches du démon, et de conserver mon âme exempte de la souillure du péché. O Marie, aidez-moi, sans vous lasser, et faites que par votre protection, je triomphe toujours des ennemis de mon salut.

Neuf *Ave Maria*, un *Gloria Patri... Vous êtes toute belle,* etc. (page 102).

QUATRIÈME JOUR

L'Arrivée à Lourdes.

« *Adeamus cum fiduciâ ad thronum gratiœ :* Courons avec confiance au trône de la grâce et de la miséricorde, » nous dit l'apôtre saint Paul. (Héb. IV, 15.) Or comme l'expliquent les Saints Pères, le trône de la miséricorde, c'est Marie. Où réside-t-il, où l'aborder ? Au ciel, au plus haut des cieux : c'est là sa place permanente ; quelquefois, cependant, Dieu, par une faveur toute spéciale, permet que, pour se rapprocher de nous, il s'établisse momentanément en un coin privilégié de la terre, comme ici, à la Grotte.

Nous voici donc, pour plusieurs jours, devant ce trône béni de la grâce et sur le point de paraître à l'audience. Faveur d'un prix inestimable, enviée par des millions de frères à qui elle ne sera jamais faite ! N'en laissons rien perdre : *Ne particula boni doni te prætereat.* Préparons nos demandes ; ne craignons pas de demander beaucoup, pour nous, pour nos malades, pour nos parents, pour nos amis, pour les pécheurs. Mais tout d'abord, établissons-nous dans les dispositions requises pour être exaucés.

1. MÉDITATION

LES BIENVENUS DE NOTRE-DAME DE LOURDES

> *Domine, quis habitabit in taberna-culo tuo, aut quis requiescet in monte sancto tuo ?*
>
> Seigneur, qui habitera dans votre tente ? Qui se reposera sur votre sainte Montagne ?
>
> (Ps. XIV, 1.)

Dieu n'admet pas qui le voudrait à la faveur de ses communications intimes, mais ceux-là seulement qu'il y trouve disposés. Qui sont-ils ? Les saints ? Les fervents ? Oui, et d'autres encore… tous ceux dont l'âme est simple, loyale, sincère : *qui loquitur veritatem in corde suo;* celui qui dit la vérité dans son cœur et qui n'use point de tromperie dans ses paroles, voilà l'élu que Dieu attire à lui ; la simplicité du cœur, la loyauté de l'âme, la droiture de la volonté, voilà les dispositions qui, à son tour, l'attirent vers nous, que nous soyons justes ou pécheurs. Ainsi en est-il de Marie.

I. Les bienvenus de Notre-Dame de Lourdes sont d'abord les âmes pures : *Qui ingreditur sine macula et operatur justitiam,* c'est-à-dire ceux qui mènent une vie sans tache et pratiquent la justice.

Bernadette était pure ; c'est pourquoi elle fut admise à voir la Mère du ciel dans sa gloire : *Beati mundo corde, quoniam ipsi Deum videbunt.*

Les deux congréganistes qui accompagnaient Bernadette étaient pures aussi ; c'est pourquoi la Mère de Dieu arrêta sur elles des regards de complaisance.

Purifions-nous, soyons purs comme Bernadette, et nous aurons part à son bonheur.

Auprès de Marie, nul besoin de science, de noblesse, de grandeur. Comme Dieu, ce qu'elle regarde, ce qu'elle apprécie, c'est le cœur. Bernadette était ignorante, pauvre, obscure ; mais elle avait le cœur rempli de l'amour de Dieu.

Lorsque notre Divin Sauveur vint en ce monde, il ne se donna pas une mère illustre ni riche ; il la prit pauvre, ayant pour époux un simple artisan ; il naquit dans une étable ; et plus tard, quand il eut à choisir ses disciples, il laissa de même les savants et les riches, pour appeler de pauvres pêcheurs du lac de Galilée. En se communiquant à Bernadette Marie a donc marché sur les traces de son Fils. Jésus et Marie veulent ainsi nous apprendre l'indispensable vertu d'humilité.

Si donc quelque chose nous distingue, souvenons-nous que Dieu ne fait nul compte de tous les avantages terrestres dont les mondains s'enorgueillissent et pour lesquels nous serions nous-mêmes tentés de nous préférer au prochain ; tenons-nous dans l'humilité.

Si, au contraire, nous sommes petits, ne nous en attristons pas. A la Grotte, plus encore qu'ailleurs, c'est aux humbles que Dieu prodigue ses faveurs : *Deus humilibus dat gratiam.*

Ne croyons pas, cependant, que la pauvreté suffise toute seule. Il ne manquait point, certes, à Lourdes, d'autres enfants pauvres, simples et ignorants. Pourquoi donc Marie a-t-elle favorisé de préférence l'humble petite bergère ?

C'est que Bernadette avait l'âme simple, droite, loyale, animée de désirs sincères du bien. Elle ne savait pas lire, mais on lui avait parlé de son Créateur, de son divin Sauveur, de sa Mère du ciel, et tout de suite son cœur s'était tourné de toute la force de ses affections vers Dieu, vers Jésus et vers Marie; et pour les servir elle faisait ce qu'elle pouvait, récitant souvent et avec dévotion le chapelet, disant fidèlement l'Angelus, etc.

C'est qu'ensuite Bernadette se plaisait dans la prière et dans tout ce qui pouvait élever son âme vers Dieu, au point que ses compagnes disaient d'elle : « Celle-là n'est bonne que pour prier. »

C'est qu'enfin ayant correspondu aux grâces d'En-Haut dans la mesure où elle les avait reçues, elle était toute disposée à y correspondre jusqu'au bout.

Nous aussi, laissons-nous conduire docilement par la grâce, quelque loin qu'elle nous pousse dans la vertu. Ne disons pas : « J'ai déjà fait pour Dieu ceci et cela : c'est assez; je n'en ferai pas davantage. » Dans le service de Dieu, *ne pas avancer, c'est reculer;* ne pas faire valoir le talent qu'on a reçu, c'est s'exposer à le perdre.

De la simplicité, de la générosité et de la confiance : *Sursum corda !*

II. Mais si Marie a des prédilections certaines pour les âmes pures, elle est loin de repousser les pécheurs. Ecoutons la suite de ses paroles.

Bernadette lui ayant demandé, au nom des deux congréganistes qu'elle avait à ses côtés, si celles-ci pouvaient revenir : *Elles peuvent revenir avec vous, elles et d'autres encore,* répondit la Mère de Dieu; et Elle ajouta : *J'aime qu'il vienne du monde.* **D'autres encore; du monde :** parmi ces *autres,* dans ce *monde,* que Marie désire voir venir, il y avait, il devait y avoir nécessairement des pécheurs, beaucoup de pécheurs.

La Mère de Dieu n'est-elle pas, de fait, la Mère des pécheurs, leur refuge ? Et, comme Jésus, n'est-elle pas venue pour eux, plus encore que pour les justes? Qu'ils ne s'éloignent donc pas !

« Il s'opère assurément, disait un missionnaire, de bien grandes merveilles sur les malades qui sont plongés là-bas dans les piscines de la Grotte, mais combien sont plus nombreuses et plus merveilleuses encore les guérisons spirituelles qui s'accomplissent ici, en haut, dans les piscines de la pénitence, dont Marie a rempli sa crypte et sa Basilique ! »

Sachons-le bien, toutefois, les pécheurs auxquels Notre-Dame de Lourdes fait cet accueil si empressé, ce sont ceux qui lui viennent, sinon déjà totalement convertis, du moins sincèrement disposés, de près ou de loin, à se convertir : de près ou de loin, disons-nous, car, pourvu qu'elles soient sincères, la bonne Mère se contente des dispositions les plus lointaines. Ici encore, ce qui l'attire, ce qui donne prise à son action miséricordieuse et toute puissante sur une âme, c'est la droiture et la loyauté : *Qui loquitur veritatem in corde suo.*

Vous regrettez vos fautes, par exemple, mais il vous en coûte de vous séparer des objets ou des personnes qui vous ont fait tomber; vous voudriez vous relever et persévérer, mais votre volonté, trop faible encore, n'est qu'un désir inefficace : offrez à la Mère des pécheurs ce commencement de regret et ce germe de bon propos; demandez-lui sincèrement et loyalement de vous aider à les convertir en vraie pénitence et en résolutions efficaces, et vous serez exaucés.

Peut-être même n'avez-vous pas encore ce repentir imparfait, mais au moins vous désirez l'obtenir : si ce premier désir, si cette disposition toute lointaine est sincère, approchez encore sans crainte; vous aussi serez les bienvenus.

III. Marie ne se contente pas d'accueillir avec cette miséricorde maternelle les pécheurs qui se présentent eux-mêmes; elle pense à ceux qui restent volontairement éloignés de leur Mère et demandent qu'ils lui soient amenés : « *Priez pour les pécheurs,* » dit-elle.

Si donc dans nos familles, parmi nos amis, autour de nous, se trouvaient de ces malheureux aveugles, de ces pauvres endurcis qui n'ont plus même le souci de sauver leur âme, recommandons-les à la bonne Mère, ne nous lassons pas de lui dire : *priez pour nous, pauvres pécheurs;* à force de lui répéter leurs noms, nous les inscrirons dans son cœur; et, si loin de Dieu soient-ils, sa main saura les atteindre; sa voix ne tardera pas à se faire entendre jusqu'au fond de leur cœur, et elle ne cessera pas de les rappeler à Dieu, qu'ils n'aient répondu à son appel.

Résolution. — Nous ferons souvent aujourd'hui cette prière du saint roi David : *O mon Dieu, créez en moi un cœur pur et faites-moi, au fond des entrailles, un esprit nouveau, un esprit loyal qui aille droit à vous.*

Pensée. — Par la simplicité, la loyauté, la droiture de notre âme, nous nous disposerons à recevoir toutes les faveurs dont Dieu, grâce à l'intercession de Marie, se prépare à nous combler.

Prière. — O Vierge Immaculée, faites que durant ces jours vous trouviez en moi une de ces âmes simples et loyales avec lesquelles vous vous plaisez à converser ! *Sermocinatio ejus cum simplicibus.*

2. NEUVAINE

Venez Esprit-Saint, etc. (page 101.)

4e Jour. — O Marie, Miroir immaculé de pureté, je me réjouis de tout mon cœur de ce que, dans votre Conception, les plus sublimes et les plus parfaites vertus, ainsi que tous les dons du Saint-Esprit, vous ont été abondamment départis. — Je remercie et loue la Très Sainte Trinité qui vous a si merveilleusement comblée. — Je vous supplie, ô Mère pleine de bonté, de m'obtenir la grâce de mettre en exercice les vertus déposées en moi par le saint baptême et de me rendre par là digne de recevoir la grâce et les dons du Saint-Esprit !

Neuf Ave Maria, Gloria Patri..... Puis, la suite : *Vous êtes toute belle*, etc. (page 102.)

CINQUIÈME JOUR

Premier passé à la Grotte.

Les jours passés à la Grotte sont des jours de bénédiction, des jours de repos, des jours de délices, des jours de commerce intime avec notre Mère, des jours pendant lesquels, nous étant mis à son école, nous écoutons ses *demandes*, recevons ses *enseignements* et recueillons ses *bienfaits*.

Aujourd'hui, nous penserons spécialement à ce que Marie *demande* de nous.

1. MÉDITATION

LES DEMANDES DE MARIE

Si scires donum Dei !
Si vous saviez tout le bien que
Dieu veut vous faire par moi !
(S. Jean, IV, 10.)

Marie s'abaisse à nous adresser des demandes, à *nous prier;* quelle condescendance ! Quel respect porté à notre liberté et à notre dignité d'enfants de Dieu ! Mais, que nous demande-t-elle ? Ce qu'une mère demande à ses enfants : que nous la laissions nous faire du bien, que nous lui permettions de guérir nos maux; pas autre chose.

I. **1re Demande.** — *Voulez-vous me faire la grâce de venir ici pendant quinze jours ?*

Me faire la grâce : encore une fois, quel langage dans la bouche de la Mère de Dieu !

Faire une grâce à quelqu'un, c'est lui faire une chose agréable, qu'on ne lui doit pas, et pour laquelle il sera tenu à de la reconnaissance. Nous pouvons donc rendre l'auguste Vierge notre obligée !

De venir ici... ici, dans la demeure que je me suis choisie; ici, pour que je vous aie près de moi, sous mon regard, à l'ombre de mes ailes... Notre malheur, comme celui de l'enfant prodigue, c'était, en nous éloignant de la maison de notre Père, d'avoir perdu la présence de notre Mère, qui est aux cieux : soit par oubli, soit par indifférence, soit par révolte. Qu'un jour ou l'autre, revenus auprès de cette Mère si bonne et si tendre, nous nous arrêtions quelques instants à contempler ses traits et à écouter sa voix, nous voilà sûrement retenus pour toujours près d'elle, si suave est sa tendresse, si douce est sa parole, si captivante est sa virginale figure !

Pendant quinze jours... Non pas qu'un jour, une heure, un moment, ne lui suffisent pour nous dire au cœur une de ces paroles victorieuses qui d'un coup ramènent à Dieu et rendent la paix ; mais il nous faut, à nous, plus de temps pour goûter ses leçons et pour fixer notre inconstance.

Or, au lieu de quinze jours, nous ne serons près d'Elle que quatre ou cinq jours. Employons-les bien.

Voulez-vous ? Notre bonne Mère ne nous force pas, elle se contente de nous inviter ; elle ne nous contraint pas, elle nous attire : à nous de céder à ses attraits ; notre bonheur dépend de cet acte de notre volonté. Ne résistons pas. O liberté ! combien est redoutable l'usage que je vais faire de toi pendant mon pèlerinage !

II. 2ᵉ Demande. — *Je désire qu'il vienne du monde.*

Autant est puissante la main de Marie, autant son cœur est large ; elle désire faire du bien à tous ses enfants, parce qu'elle en a le pouvoir ; et comme elle a les mains remplies de faveurs, elle voudrait que tous les malheureux de la terre fussent autour d'elle pour les recevoir.

Mais alors, si tel est son désir, ne commandera-t-elle pas aux Anges de l'accomplir, en assemblant des quatre coins du monde les foules à la Grotte ? Elle le pourrait, sans doute ; mais telle n'est pas la conduite ordinaire de la Providence : *Unicuique mandavit de proximo suo;* c'est à chacun de nous qu'elle veut bien remettre cette charge.

Le visage transfiguré de Bernadette, le recueillement de sa prière, la constance de son témoignage devant les puissants du siècle, autant de voix puissantes qui ont persuadé, soulevé et fait venir le monde. Il en sera de même pour nous : le rayonnement du bonheur dont nous aurons joui à la Grotte, la vue des fruits de sanctification que produira parmi nous notre séjour en ce lieu de grâces, nos bons exemples, voilà pareillement ce qui recrutera dans l'avenir de nouveaux pèlerins à Marie.

S'il n'est aucun privilège, si petit soit-il, qui n'entraîne une responsabilité sociale, combien plus la grâce insigne du pèlerinage de Lourdes !

III. **3ᵉ Demande.** — *Allez dire aux prêtres que je veux qu'on m'élève ici une chapelle.*

Une chapelle ! il n'y a nulle part, il n'y a jamais eu et il n'y aura jamais de religion sans temple; aussi toute dévotion particulière a-t-elle besoin d'un sanctuaire qui lui serve de centre et la perpétue.

A quoi devaient conduire les apparitions, les guérisons miraculeuses, les grâces intérieures, l'œuvre entière de N.-D. de Lourdes ? Au réveil de la foi, de cette foi agissante qui porte les âmes à la réception des Sacrements, à la méditation de la parole révélée, à l'observation de la loi divine; or, n'est-ce pas dans les églises qu'est érigé le tribunal de la pénitence, qu'est dressée la table eucharistique, que s'élève la chaire de l'Evangile ? C'est pour cette raison que Marie demande une *chapelle.* Tenons tous à nos églises.

La Mère de Dieu, qui s'abaisse à demander, bien qu'Elle soit la Maîtresse du ciel et de la terre, se contente d'une chapelle; mais notre amour nous portera à lui donner au delà de ce qu'elle demande. Au lieu d'une simple chapelle, elle aura une Basilique d'une magnificence incomparable, et, après cette Basilique, une église plus belle encore, celle du Saint-Rosaire.

Ainsi devrions-nous toujours faire avec Marie, lui donner plus qu'elle ne nous demande; car nous nous enrichissons de tout ce que nous lui donnons.

Allez dire aux prêtres; ce sont eux, en effet, que le divin Maître a chargés de tout ce qui a rapport à son service. Si Marie respecte ainsi leur autorité et leurs prérogatives, qui serait excusable de les mépriser?

IV. 4ᵉ **Demande.** — *Je veux qu'on y vienne en procession.*

La procession, c'est la prière suppliante, persévérante, publique, pénitente.

Depuis trop longtemps, on se cachait pour prier, comme si Dieu n'avait pas droit au culte public aussi bien qu'au culte privé; depuis trop longtemps aussi, on avait l'air de ne prier que par manière d'acquit et non pour demander; enfin, on ne priait plus guère que du bout des lèvres et non du fond du cœur. Telle n'est pas la prière qui convient à des nécessiteux, à des pécheurs... La prière qui nous est commandée, la vraie prière, est celle dont l'Eglise donne l'exemple dans ses processions, ce sont les *Litanies*.

Telle est aussi la prière que veut N.-D. de Lourdes en demandant que notre long voyage à travers la France se fasse comme une *procession*. Comment avons-nous répondu jusqu'alors à cette demande? Comment y répondrons-nous à notre retour? N'est-ce pas le cas de nous appliquer les paroles du divin Maître : « Que les hommes voient vos bonnes œuvres, afin que cette vue les amène à glorifier votre Père céleste qui est dans les cieux ! »

Résolution. — Assiduité aux prières qui se font à la Grotte et aux piscines; assistance aux offices et aux processions : nous ne refuserons à Marie aucune de ces manifestations publiques de notre foi, qu'elle nous demande.

Pensée. — Marie ne me demande rien qui ne doive tourner à mon avantage en ce monde et en l'autre.

Prière. — *Tuus sum ego !* je suis tout à vous, ô ma Mère, pour faire tout ce que vous me demanderez !

2. NEUVAINE

Venez, Esprit-Saint, etc. (page 101.)

5ᵐᵉ *Jour.* — O Marie, astre resplendissant de pureté ! je me félicite avec vous de ce que le mystère de votre Conception Immaculée a été le principe du salut du genre humain et la joie de l'univers. — Je remercie et bénis la Très Sainte Trinité qui vous a ainsi élevée et glorifiée. — Je vous supplie de m'obtenir la grâce de profiter de la Passion et de la Mort de votre divin Fils, afin que son sang n'ait pas été répandu inutilement pour moi sur l'arbre de la croix, mais qu'au contraire je vive maintenant et meure dans son amour !

Neuf *Pater* et *Ave Maria,* un *Gloria Patri;* puis : *Vous êtes toute belle,* etc. (page 102.)

SIXIÈME JOUR

Deuxième passé à la Grotte.

Si Marie nous demande, c'est afin de pouvoir nous donner tout ce dont nous avons nous-mêmes besoin. Et que nous donne-t-elle d'abord ? Ses enseignements. Ils seront l'objet de notre méditation de ce jour.

1. MÉDITATION

LES ENSEIGNEMENTS DE N.-D. DE LOURDES

Beatus homo qui audit me.
Heureux l'homme qui m'écoute.
(PROV. VIII.)

Son *extérieur*, ses *actes*, ses *paroles*, tout en N.-D. de Lourdes est enseignement pour nous.

I. N.-D. de Lourdes nous enseigne d'abord par tout son *extérieur* :

— Par la longue robe blanche dont elle est revêtue et qui est le symbole de la pureté sans tache de toute sa vie;

— Par la simplicité de sa tenue : une robe, une ceinture, un voile; protestation éloquente contre le luxe effréné des femmes de nos jours, lesquelles ne savent plus comment se vêtir;

— Par les roses d'or qui fleurissent sur ses pieds : emblème de la charité et de sa promptitude à porter partout la bonne nouvelle du salut. *Quam pulchri pedes evangelizantium !*

— Par ses yeux souvent tournés vers le ciel : ah ! si nous savions, comme Marie, ce que c'est que Dieu, si nous avions, comme elle, une juste idée du bonheur dont il inonde ses élus, nous resterions moins penchés vers la terre et nous lèverions plus souvent la tête au-dessus de nous, nous écriant : Ici-bas, c'est la vallée des larmes; là-haut seulement se trouve la patrie !

— Par la jeunesse de ses traits, par la grâce infinie de ses regards et de ses sourires, qui nous montrent la pureté de l'âme comme la source où il faut chercher ces dons si enviés;

— Par le Rosaire qui pend à sa ceinture, par

9

la croix d'or qui le termine, par ses mains jointes : toutes choses qui prêchent l'excellence de la dévotion propagée par saint Dominique et toujours tant recommandée par l'Eglise.

— Par l'abri qu'Elle s'est choisi dans l'ouverture du rocher, ce symbole du côté ouvert de Jésus, que les Saintes Ecritures appellent partout *notre rocher, la pierre angulaire, la pierre fondamentale,* sur laquelle est bâti l'édifice de l'Eglise;

— Par la lumière qui l'enveloppe, comme un reflet de sa pureté immaculée.

Recueillons les uns après les autres ces muets enseignements, et gravons-les tous au fond de notre cœur.

II. Marie nous enseigne aussi par ses *paroles.* Et que nous dit-elle ?

1° *Vous prierez...* La prière est comme la respiration de notre âme... Sans respiration, point de vie pour le corps ; avec une respiration insuffisante ou viciée, point de santé ni force : de même, sans prière, point de vie chrétienne, point de sainteté pour les justes, point de salut pour les pécheurs.

Ce n'est pas la première fois que la Mère de Dieu apporte à la terre cette recommandation de prier; il n'est pas, presque pas de siècle où elle ne l'ait renouvelée avec instance, se servant pour cela tantôt d'un moyen, tantôt d'un autre : au XIII° siècle, de l'éloquence apostolique de saint Dominique; au XV°, de la piété du B. Alain de la Roche; dans la première moitié du nôtre, en 1830, de la simplicité d'une novice des Filles de la Charité, Sr Catherine Labouré, et de cette petite médaille de l'Immaculée-Conception, qui a pour devise : *O Marie conçue sans péché, priez pour nous qui avons recours à vous !* Quelques années après, du zèle sacerdotal du saint M. Desgenettes, curé de Notre-Dame des Victoires, à qui elle inspire la création de l'Archiconfrérie de son saint et immaculé Cœur, ce vaste enrôlement des soldats de l'armée de la prière pour la conversion des pécheurs; plus récemment, des enfants de la Salette et bientôt après de ceux de Pontmain. N'est-ce pas elle aussi qui, dès les premiers temps de l'Eglise, inspirait l'apôtre saint Jacques-le-Mineur, son évêque et son parent, près duquel elle vivait à Jérusalem, lorsqu'il envoyait aux premiers fidèles cette pressante exhortation : « Priez les uns pour les autres : *Orate pro invicem;* pour vous aider mutuellement à faire votre salut : *ut salvemini;* car la prière du juste, quand elle est assidue, peut beaucoup pour cela : *multum enim valet deprecatio justi assidua.* »

Qu'est-ce à dire ? Est-ce que la prière de Marie ne suffira pas toute seule à notre salut ? Est-ce que son intercession, qui est toute puissante sur le cœur de son Fils, aurait besoin d'être aidée par la nôtre ?... Il en est ainsi. Pourquoi ? Parce que *Dieu, qui nous a créés sans nous, ne nous sauve pas sans nous;* parce que à toute grâce méritée par Jésus et obtenue par Marie, il faut une coopération, la nôtre ou celle des frères qui forment avec nous les membres du corps mystique du Sauveur; or, la première, la plus élémentaire, et par suite la plus indispensable de toutes les coopérations est celle de la prière. De sorte que pour Marie comme pour Jésus, ramener les pécheurs à Dieu, c'est d'abord les amener à *prier.*

2° *Pénitence ! pénitence ! pénitence !*... La pénitence aussi a toujours été nécessaire. C'est pour la prêcher aux Juifs que les prophètes furent suscités par Dieu; que Jean-Baptiste fut envoyé devant le Sauveur; que les apôtres et les soixante-dix disciples reçurent aussi leur première mission; que le divin Sauveur lui-même parcourut la Galilée et la Judée, durant les deux premières années de son ministère, redisant et faisant redire sans cesse : *Si vous ne faites pénitence, vous périrez tous.* C'est que seule la pénitence prépare les voies au règne de Dieu ; et de nos jours, alors que les péchés se multiplient et que les pécheurs font la guerre à Dieu, à l'Eglise, aux âmes, il faut une pénitence *double* et *triple*.

Faisons-nous donc un devoir de suivre l'exemple, que nous recevons à Lourdes, de la prière à *genoux* et les *bras en croix.* Acceptons de même en esprit de pénitence les privations, les fatigues, les autres incommodités du Pèlerinage, aussi bien que toutes les diverses épreuves de la vie présente.

3° *Vous baiserez la terre... Allez manger de cette herbe qui est là ;* ce sont les actes de pénitence qui conviennent particulièrement au pécheur orgueilleux et sensuel. Gardons-nous de considérer ces actes comme indifférents, ou indignes de nous ; imposons-les nous de temps à autre. Qui de nous n'a pas à se reprocher et à expier mille fautes d'orgueil et de sensualité ?

4° *Allez boire à la fontaine et vous y laver.* Cette fontaine, dont la source sort du rocher de la Grotte, figure les eaux salutaires de la grâce qui ont jailli du côté ouvert du Sauveur. Buvons donc à la fontaine de la Grotte avec confiance, lavons-nous-y avec joie, tous les jours, aussi souvent qu'il nous sera possible ; mais buvons surtout, par la fréquente réception de la très sainte Eucharistie, à la source des dons célestes, et d'abord lavons notre âme, en la plongeant dans les piscines du sacrement de Pénitence.

Résolution. — Nous prierons Marie de nous obtenir la lumière qui, en éclairant nos âmes, nous aidera à comprendre ses enseignements et à les graver indestructiblement dans nos cœurs.

Pensée. — Nous aimons et désirons la sagesse : n'allons pas la chercher plus loin qu'il ne faut, elle est dans ces quelques paroles de Marie à l'ignorante Bernadette.

Prière. — O Marie, vous qui êtes le siège de la divine Sagesse, obtenez-moi la grâce d'écouter et de goûter toujours vos enseignements.

2. NEUVAINE

Venez, Esprit-Saint, etc. (page 101).

6º *Jour.* — O Marie, étoile brillante de pureté, je me réjouis avec vous de ce que votre Immaculée-Conception a ravi de joie tous les anges dans le ciel. — Je remercie et bénis la Très Sainte Trinité qui vous a ainsi accordé un si beau privilège. — O Marie, faites qu'un jour je prenne part à cette joie, et que je puisse, dans la compagnie des anges, vous louer et vous bénir pendant toute l'éternité !

Neuf *Ave Maria !* un *Gloria Patri !* puis le verset : *Vous êtes toute belle,* etc. (page 102).

SEPTIÈME JOUR

Troisième passé à la Grotte.

Tel était le bonheur dont Bernadette avait joui près de la Vierge Immaculée, que l'humble enfant ne pouvait plus résister à l'attrait qui la ramenait chaque jour à la Grotte. Si nous imitons son ardeur à recevoir les enseignements célestes et sa docilité à les suivre, nous aurons part à ses joies et éprouverons, nous aussi, ces attraits de la grâce qui rendent si doux les moments passés avec Dieu.

1. MÉDITATION

> *Os meum aperui, et attraxi spiritum.*
> J'ai ouvert la bouche, et j'ai attiré
> l'air que je respire.
>
> (Ps. 118).

I. *Priez*... Ce que l'air est à notre corps, la grâce, qui est comme l'atmosphère des demeures célestes, l'est à notre âme; et ce que la respiration physique est à l'air, le moyen naturel de l'attirer en nos poitrines, où il nous fait vivre en régénérant notre sang, la prière l'est à la grâce, l'acte respiratoire qui l'attire dans notre âme. L'une n'est pas moins nécessaire à l'entretien de notre vie surnaturelle, que l'autre ne l'est à l'entretien de notre vie corporelle.

L'homme qui ne respire plus, l'asphyxié, sera bientôt mort, s'il ne l'est déjà; l'âme aussi qui ne prie plus, ne tardera pas, en se séparant par quelque péché grave du Dieu qui est sa vie, à mourir, et en attendant, elle languira.

Sans prière ou sans ferveur dans la prière, je resterai nécessairement faible de toutes les faiblesses de la créature; avec la prière continue et fervente, je serai fort de toutes les forces du Créateur.

S'il y a des âmes qui vont au ciel et d'autres qui vont en enfer, c'est avant tout parce qu'il en est qui prient et qu'il en est d'autres qui ne prient pas. S'il y a des âmes qui marchent vers la perfection et s'il y en a d'autres qui croupissent dans la tiédeur, c'est encore parce que celles-là prient bien et que celles-ci prient mal.

Marie le sait, c'est pourquoi elle dit : *Priez, priez, priez*...

Chez les malheureux qui se meurent d'asphy-
xie, une première aspiration de l'air ne suffirait
pas toute seule, mais elle prépare et facilite les
suivantes ; il en est de même pour les pécheurs,
ces pauvres asphyxiés du monde spirituel : la
grâce qu'ils obtiendront par une première prière
leur rendra les autres prières à la fois plus faciles
et plus fructueuses.

Priez ici. — Il y a des lieux où la respiration,
bien que toujours faite imparfaitement et avec
peine, profite davantage aux corps épuisés, pour
la raison que l'air y est à la fois et plus pur et plus
riche d'éléments vivificateurs ; de même y a-t-il
pour les âmes des sanctuaires dans lesquels la
prière est plus efficace, plus salutaire, plus sanctifiante, parce que les courants de la grâce y sont
plus intenses. Tel est entre tous les autres, le
sanctuaire de Lourdes, depuis que l'ont embaumé
la présence de l'Immaculée et les prières des
millions de fidèles qui s'y succèdent depuis plus
de trente ans. Et c'est pourquoi notre Mère du
ciel dit à ceux qu'elle y amène : *Priez ici;* comme
le médecin dit au malade qu'il envoie sur les
hauteurs : *Respirez là,* tant que vous pourrez.

La meilleure prière de toutes est celle qui est
accompagnée de la pénitence et de l'aumône :
Bona est oratio cum eleemosyna et jejunio; celle
qui a pour objet les choses utiles au salut; celle
qui s'appuie sur les mérites de la vie et de la mort
de notre divin Sauveur; celle qui est soutenue
par l'intercession de la Mère de Dieu; celle qui
porte le plus directement au regret des péchés
commis et à l'amour de Dieu. Et quelle est la prière
qui réunit toutes ces conditions ? Celle du *Saint
Rosaire,* et c'est précisément le Rosaire que nous
recommande N.-D. de Lourdes par ses encoura-

gements, par son approbation, par le chapelet qu'elle tient à la main. Aimons donc à réciter le Saint Rosaire.

II. *Priez pour les pécheurs.* — Les pécheurs, surtout les pécheurs aveuglés et endurcis, sont, nous l'avons dit, les asphyxiés de la vie spirituelle.

Que ferez-vous à un asphyxié, au noyé qui ne respire plus et qui n'a plus la force de reprendre sa respiration de lui-même ? Vous commencerez par lui infuser petit à petit, par des moyens extérieurs, les premières effluves de cet air qui lui manque ; ensuite vous aiderez sa poitrine à reproduire spontanément les mouvements propres à y attirer régulièrement des masses nouvelles de l'élément vivifiant, en même temps qu'il en fera sortir ce qui s'y trouve d'éléments viciés ; et vous lui continuerez ce secours extérieur jusqu'à ce qu'il soit en état de se suffire.

C'est précisément le devoir que la charité nous impose envers les pécheurs. Ne priant plus, ces pauvres asphyxiés n'attirent plus en eux la quantité de grâces nécessaire pour vivre : prions à leur place ; faisons arriver de nouveau dans leur âme cet air du ciel ; procurons-leur ainsi les forces dont ils ont besoin pour se relever. Instruisons-les, exhortons-les, reprenons-les, animons-les par notre exemple. Demandons, avant tout, pour eux les deux grâces qui seront comme les deux premiers mouvements respiratoires de leur âme : la grâce de prier eux-mêmes, et celle d'apporter aux appels qui leur seront faits dans la suite la correspondance nécessaire : *Dieu qui nous a créés sans nous, ne nous sauvera pas sans nous.*

Priez pour les pécheurs : Oh ! quelle profondeur dans cet enseignement de la Mère de toute Sagesse ! Quel bienfait de nous l'avoir rappelé si fortement ! Que d'âmes seront sauvées par les prières qu'il ne cesse de susciter, et quel bien s'opèrera par ces prières dans toute l'Église ! Il fut révélé naguère, en effet, à une grande sainte, qu'au milieu des bouleversements qui ont agité plusieurs fois le monde, l'Église, si elle pouvait jamais périr, eût péri dans le commun naufrage, sans les prières multipliées de ses enfants...

III. *Je suis l'Immaculée-Conception.* — C'est-à-dire, si je suis devenue la Mère de Dieu, si mon âme fut ornée de toutes les vertus et comblée de tous les dons de l'Esprit-Saint, si ma vie est restée sans tache, c'est parce que, conçue sans la souillure du péché originel, j'ai été préservée de ses suites. Efforcez-vous donc de me ressembler ; vous aussi, soyez purs de corps et d'âme, et pour cela luttez contre la concupiscence, mortifiez vos passions, soumettez la chair à l'esprit.

Immaculés, nous ne le sommes pas ; purs comme Marie, nous ne le serons jamais ; mais nous pouvons parvenir peu à peu à une plus entière ressemblance de pureté avec elle : ce sera notre perfection que d'y tendre.

Telles sont donc les deux extrémités de notre vie spirituelle ; comme point de départ et comme premier mouvement, la prière par laquelle nous arrivons à la foi, à la pénitence, à l'espérance des biens célestes, à l'observation de la loi divine, à l'amour de Dieu et du prochain ; comme terme, un état de ressemblance aussi parfaite que possible avec Marie Immaculée, état dans lequel, purifiés de toutes nos souillures et devenus maîtres de tous nos mauvais penchants, nous brillerons de l'éclat de toutes les vertus.

O Marie, aidez-nous à passer de l'une de ces extrémités à l'autre !

Résolution. — Nous nous efforcerons d'arriver, par la prière, à une vie de plus en plus parfaite et nous ne nous arrêterons point que nous ne nous soyons approchés du modèle qui nous est proposé : l'**Immaculée**. Nous travaillerons à faire sans cesse de nouveaux progrès dans la haine du péché, dans l'estime de la grâce sanctifiante et dans l'amour de la chasteté.

Pensée. — La prière transfigurait Bernadette. Qu'elle transfigure de même chacun de nous !

Prière. — O mon Dieu, *purifiez-moi avec l'hysope ; créez en moi un cœur pur !*

2. NEUVAINE

Venez, Esprit-Saint, etc. (page 101.)

7e *Jour.* — O Marie Immaculée, aurore naissante d'une beauté qui ira toujours grandissant ! je me réjouis avec vous de ce que, dès le premier moment de votre Conception, vous avez été confirmée en grâce et mise pour jamais à l'abri du péché. — Je remercie et exalte la Très Sainte Trinité qui vous a gratifiée seule de cette insigne prérogative. — O Vierge sainte, obtenez-moi une horreur constante du péché, faites que je le déteste plus que tous les maux, et que je meure plutôt que d'offenser Dieu à l'avenir !

(Neuf *Ave Maria ;* un *Gloria Patri ;* puis le verset: *Vous êtes toute belle,* (page 102.)

HUITIÈME JOUR

Quatrième passé à la Grotte.

Nous l'avons dit, si Marie nous demande quelque chose, c'est uniquement ce qui nous disposera, petit à petit, à recevoir ce qu'elle-même veut nous donner. Nous méditerons donc aujourd'hui sur les faveurs qui seront la récompense de notre visite à la Grotte : les sourires, les secrets, les bienfaits et les promesses de l'Immaculée.

1. MÉDITATION

LES SOURIRES, LES SECRETS, LES PROMESSES ET LES BIENFAITS DE MARIE

> *Trahe me post te, curremus in odorem unguentorum tuorum.*
> Entraînez-moi après vous ; nous courons à l'odeur de vos parfums.
> (*Cant. des Cant.*)

I. *Les* **sourires** *de l'Immaculée.* — A la Salette, Marie pleurait ; à Lourdes, elle sourit. Elle pleurait à la Salette, parce qu'alors elle n'avait que des menaces à nous apporter ; elle sourit à Lourdes, parce qu'à présent elle apporte des promesses et des bienfaits.

La Mère de Dieu sourit à la récitation du Rosaire par Bernadette ; elle sourit aux foules qui s'associent à la prière de la voyante et à celles qui s'y associeront dans l'avenir, parce que dans ces prières ferventes, publiques, continues de tout un peuple, elle voit le principe de l'œuvre de salut qu'elle vient accomplir dans le monde.

Toutefois, le regard de l'Immaculée, lorsqu'il vient à s'étendre plus au loin sur les foules, se voile ; c'est que, au milieu de ces foules, il a rencontré des endurcis et des rebelles, qui repoussent ses grâces.

Ne soyons pas du nombre de ces enfants de perdition qui font pleurer leur Mère du ciel : soyons plutôt de ceux qui, avec Bernadette, la font sourire !

Procurer des sourires à sa Mère, quelle joie !

mais en être l'objet, quelle faveur délicieuse entre toutes et quel bonheur pour toute la vie !

II. *Ses* **secrets.** — *J'ai à vous dire pour vous seule... une chose secrète. Me promettez-vous de ne jamais la révéler à personne en ce monde?*

J'ai à vous dire une chose secrète. Qui dit secret dit bien personnel de qui le possède et de qui le reçoit ; on ne saurait partager la jouissance d'un secret avec la foule, mais on la réserve à quelques amis ; sa confidence est tout à la fois le gage et le signe d'une amitié tout intime, supposant chez qui la reçoit un dévouement absolu à celui qui la fait, et chez qui la fait une confiance entière en celui qui la reçoit.

Rendons-nous dignes des confidences de la Mère de Dieu. Quel en sera l'objet pour chacun de nous ? Auront-elles rapport à notre vocation, à notre conversion, à notre avancement dans la vertu, au salut de nos frères ? Peu importe ; c'est assez qu'elles soient pour nous la preuve de l'amitié de la Reine du Ciel.

Me promettez-vous de ne jamais la révéler? Le monde, parce qu'il les ignore, dédaigne les communications célestes ; à quoi bon les exposer à ses blasphèmes ? Elles ont, du reste, un parfum qui s'évapore, quand on les découvre intempestivement.

III. *Ses* **bienfaits.** — Bernadette venait d'adresser une demande à N.-D. de Lourdes : celle de faire fleurir en plein hiver le rosier sauvage que foulaient ses pieds Immaculés. Ce miracle eût servi sans doute à confirmer la certitude de la céleste Apparition ; mais là se fût bornée son influence. La Reine du ciel et de la terre veut un prodige plus digne de sa puissance et plus en harmonie avec sa bonté maternelle ; un miracle qui soit en même temps et un premier bienfait et le principe d'une infinité d'autres pour tous les peuples, pour tous les temps et pour tous les lieux !... Ce miracle, ce bienfait, c'est la source...

Allez boire à la fontaine et vous y laver. — Donc, sur l'ordre de l'Immaculée, une source jaillit du sein de la roche; suave symbole des fleuves de grâces sortis du côté ouvert de notre divin Sauveur... A cette source intarissable les malades puisent la santé; les incrédules, la foi; les pécheurs, la purification de leurs souillures et leur réconciliation avec Dieu; les désabusés de ce monde, le rafraîchissement... Et pour y puiser tant de biens, que faut-il? Etendre la main et la porter à ses lèvres... Cela seul est demandé... Mais cela est indispensable, car c'est la correspondance, toujours nécessaire, aux grâces de Dieu.

IV. **Ses promesses.** — *Et moi, je vous promets de vous rendre heureuse, non point en ce monde, mais en l'autre.*

Je vous promets. — Si Marie nous a beaucoup donné déjà, il s'en faut pourtant que ce soit tout ce qu'elle désire nous donner : pour le moment nous n'étions pas capables de recevoir davantage. Mais ayons confiance; ce qu'elle n'a pu nous donner hier, elle nous le donnera aujourd'hui ou demain, à son heure; et ses largesses continueront jusqu'à ce qu'elle nous ait enrichis de tout ce dont nous avons besoin pour nous rendre heureux. Elle s'y engage : *Je vous promets de vous rendre heureuse.*

Non point en ce monde. — Heureuse, Bernadette l'était déjà, certes : en effet, la vue de l'Immaculée, l'éclat de sa gloire, ses sourires, ses confidences, ses enseignements, le jaillissement de la source miraculeuse avaient répandu dans son âme un enivrement, une satisfaction, une joie qui l'arrachaient au sentiment des misères de ce monde, la tenaient dans les extases prolongées et la rendaient un objet d'envie pour les spectateurs.

Toutefois, ce n'était pas encore, tant s'en faut, le bonheur parfait. Pendant des années et des années, l'heureuse voyante restera pour beaucoup un sujet de contradictions, de moqueries et de tracasseries voisines de la persécution; bientôt aussi sa vocation à la vie religieuse lui imposera le renoncement à sa famille et à tout ce qu'elle aimait dans le monde; plus que cela, la privera de la vue des merveilles qui vont se multiplier à la Grotte; jusqu'à sa mort enfin, elle sera en proie aux souffrances de la maladie. Elle aura donc à souffrir. Comme Jésus, comme Marie, comme tous les saints, elle souffrira beaucoup et de toutes manières; mais, en souffrant, elle achèvera de se purifier, elle se sanctifiera de plus en plus, elle évitera les périls que la gloire de ce monde aurait fait courir à sa vertu, à son humilité tout particulièrement; elle accumulera des trésors de mérites; elle assurera et portera au comble son bonheur éternel : *Je vous rendrai heureuse en l'autre monde.*

En attendant, elle aura, pour l'aider à supporter ses souffrances, et l'onction de la grâce et la joie que lui laisse le souvenir de ses communications avec le Ciel; et ainsi qu'il arriva le jour où la flamme du cierge touchait ses doigts sans les brûler, elle ne sentira même plus la pointe des maux cruels qui l'éprouveront sans intermittence.

Ainsi puisse-t-il en être de nous! Nous aurons toujours, même après avoir été à Lourdes, des peines de toutes sortes, qui nous viendront et des hommes et des évènements; peut-être retrouverons-nous, à notre retour dans nos foyers, les mêmes maladies, les mêmes afflictions de famille, les mêmes revers de fortune; mais courage! nous serons armés, nous aussi, pour supporter l'épreuve, ayant appris, à la lumière d'une foi plus vive, le but providentiel, les résultats salutaires et les gloires de la souffrance!

Le Calvaire nous effraiera moins, après que nous aurons été, ne fût-ce qu'un moment, sur le Thabor.

Résolution. — Nous emporterons avec nous et nous garderons au fond du cœur cette parole de l'Immaculée : *Je promets de vous rendre heureux, non point en ce monde, mais dans l'autre.*

Pensée. — Un jour passé dans l'intimité de notre Mère du ciel vaut mieux que mille dans les amusements auxquels nous invitent les pécheurs.

Prière. — *Eia! advocata nostra, illos tuos misericordes oculos ad nos converte.* O notre douce Avocate, tournez vers nous vos yeux, ces yeux qui respirent une si tendre pitié!

2. NEUVAINE

Esprit-Saint, etc. (Voir page 101.)

8e Jour. — O Marie, soleil sans tache! je me félicite avec vous et me réjouis de ce que, dans votre Conception, Dieu vous a accordé plus de grâces que n'en eurent tous les anges et tous les saints, au comble même de leurs mérites. — Je remercie et j'admire la souveraine libéralité de la Très Sainte Trinité qui s'est montrée si magnifique à votre égard. — O Marie, faites que je corresponde fidèlement aux grâces de mon Dieu, et que je n'en abuse plus désormais; changez mon cœur et faites que dès ce moment je commence enfin à me convertir.

Neuf *Ave Maria* et un *Gloria Patri,* avec la suite (page 102).

NEUVIÈME JOUR

Dernier passé à la Grotte.

Les Adieux.

La vie présente est comme le Gave ; tout ce qu'elle roule dans son cours impétueux s'écoule, s'enfuit, disparaît, l'un après l'autre, ses joies aussi bien que ses peines.

Nombreuses furent les Apparitions à Bernadette ; l'une arriva cependant qui devait être la dernière, la dix-huitième. En disparaissant alors, la Vierge Immaculée s'inclina : ce salut était un *au revoir*, sans doute : un *au revoir* dans le ciel, mais c'était aussi un congé.

Nous voici nous-mêmes à la fin de notre séjour auprès de notre Mère ; nous voici à l'heure déchirante des adieux. Si ses joies vont passer, au moins conserverons-nous de notre pèlerinage ce qu'il a plus de précieux, ses fruits : fruits de sanctification en nous, fruits d'édification autour de nous.

MÉDITATION

LES FRUITS DU PÈLERINAGE

Qui me invenerit, inveniet vitam.
Me trouver, c'est trouver la vie.
(PROV. IV, 35.)

Dans son discours à l'aréopage d'Athènes, saint Paul disait : « Le Seigneur, après avoir fait naître d'un seul père tout le genre humain, l'envoya à la recherche de son Dieu : *Quærere Deum.* » Telle est, nous l'avons vu déjà, la vie présente : un voyage à la recherche de Dieu. Tel doit être aussi notre pèlerinage à Notre-Dame de Lourdes :

un voyage à la recherche de Marie... Nous avons trouvé Marie... *Or, en trouvant Marie,* nous avons trouvé Dieu, et en trouvant Dieu, *nous avons trouvé la vie* : la vie pour nous, la vie pour ceux qui nous entourent.

I. *Fruits du pèlerinage en nous* : un accroissement de vie surnaturelle. C'est de la foi, comme de sa racine, que procède en nous toute vie surnaturelle : *Justus meus ex fide vivit.* Plus la racine prendra de vigueur et plus elle plongera dans le sol, plus la plante qu'elle alimente sera florissante ; pareillement, plus notre foi deviendra vive, pure et solide, plus la vie spirituelle grandira et se développera en notre âme.

Or, nulle part la foi ne trouve autant à se fortifier qu'à la Grotte. Ce qui l'affaiblissait, ce qui la faisait languir en nous, c'était la défectuosité de notre conduite : *Ils n'ont pas cru,* disait le Sauveur, *parce que leurs œuvres étaient mauvaises.* Cette cause d'incrédulité n'existera plus pour nous ; car, aux pieds de Marie et avec son aide, nous nous sommes purifiés et corrigés.

Ce qu'il faut pour affermir la foi, c'est une clarté plus vive, une certitude plus ferme du témoignage divin sur lequel elle s'appuie, certitude et clarté produites par le miracle; or, n'avons-nous pas vécu au milieu des miracles, et n'avons-nous pas été tous les jours témoins des manifestations les plus éclatantes de la puissance divine ?

Ce qui nourrit la foi, ce qui l'avive, c'est la parole de Dieu, comprise et goûtée par notre âme ; or, pendant ces dix jours, soit de la bouche de Marie, soit de la bouche des ministres de son divin Fils, la parole divine n'a cessé de retentir à nos oreilles.

Rien donc ne manque plus à notre foi pour

revivre, pour s'affermir, pour devenir plus vive ; il ne nous reste qu'à la rendre agissante, pour que notre vie déborde de surnaturel.

Avec la foi grandiront en nous l'espérance, la charité, l'humilité, la religion, la force, la mortification, toutes les vertus chrétiennes.

Que la terre me paraît vile, lorsque je regarde le ciel! s'écriait saint Ignace de Loyola ; nous avons, nous aussi, entrevu et contemplé les réalités célestes : que toutes nos affections, que tous nos désirs aillent désormais en haut !

Puissent ces grandes choses, maintenant que nous avons appris à les estimer et à les aimer, nous rester toujours plus aimables et plus désirables que les mille vanités qui fascinent les regards des mondains !

Aimer Dieu et le servir, voilà tout l'homme, dit l'Imitation ; désormais, ce sera tout pour nous. Notre-Dame de Lourdes aura fait de nous de bons fils, des chrétiens modèles, des saints. C'est ce qu'elle voulait.

II. *Fruits de notre pèlerinage autour de nous.* Ils sont décrits dans la parabole du levain. *Le royaume des cieux*, disait le divin Maître, *est semblable à une femme qui, ayant pris du levain, l'a mis dans trois mesures de farine, et a fait ainsi fermenter le tout.* Cette femme, c'est Marie ; le levain, c'est nous, pèlerins de Lourdes, dans le cœur de qui la Céleste Ménagère a déposé les forces vives de la vie chrétienne ; les trois mesures de farine, ce sont les trois milieux dans lesquels nous allons nous répandre : celui de la famille, celui de la paroisse, celui du monde ; la fermentation de la pâte, ce sera l'édification, l'élan de vie chrétienne, le renouveau de piété, produits dans ces trois milieux par nos récits, par nos exhortations, par notre enthousiasme, par nos exemples. Puisse-t-il en être ainsi toujours !

Il suffit d'un saint pour régénérer des populations entières, et sa présence au milieu d'elles est de tous les bienfaits l'un des plus grands que Dieu puisse leur accorder. Il faut des saints dans l'Eglise à toutes les époques, et Notre-Seigneur en suscite sans cesse. Pourquoi ne serions-nous pas du nombre ? Soyons au moins des témoins courageux, *inconfusibles*, de tout ce que nous avons vu et entendu.

Résolution. — Nous serons fidèles aux grâces que nous avons reçues ; nous deviendrons, dans nos familles, dans nos paroisses et au milieu du monde, un levain de vie chrétienne.

Pensée. — Ce n'est pas pour demeurer stériles, que nous sont données les grâces de Dieu, surtout les grâces de choix, comme celles que nous venons de recevoir, mais pour qu'elles portent des fruits qui demeurent à jamais.

Prière. — O mon Dieu, faites que je n'aie pas reçu en vain la grâce si précieuse du pèlerinage de Lourdes !

2. NEUVAINE

Venez, Esprit-Saint (voir page 101).

O Marie, Mère et Vierge Immaculée, lumière vive de sainteté et modèle de pureté, à peine conçue, vous avez adoré profondément votre Dieu, et l'avez remercié de ce que, par votre moyen, l'ancienne malédiction portée contre les hommes étant suspendue, la bénédiction divine allait se répandre sur les enfants d'Adam. — O Marie, faites que cette bénédiction allume dans mon cœur la charité ; enflammez ce cœur, consumez-le, afin que j'aime constamment mon Dieu et que, jouissant de lui dans l'éternité, je puisse le remercier avec plus d'ardeur des privilèges incomparables qu'il vous a accordés, et me réjouir avec vous de vous avoir couronnée de tant de gloire !

Neuf *Ave Maria,* un *Gloria Patri* avec la suite (page 102).

DIXIÈME JOUR

Station au Sanctuaire du Sacré-Cœur.

L'office de Marie sur la terre fut de nous donner Jésus, notre divin Sauveur, et de nous conduire à lui. Elle continue cet office au Ciel : toujours et en tout lieu, de son école elle nous mène à l'école de son Fils. C'est la raison pour laquelle notre Pèlerinage à Lourdes se termine par un Pèlerinage au Sacré-Cœur : *Ad Jesum per Mariam.* Nous avons beaucoup à apprendre encore à cette nouvelle école; c'est le moment de prêter une oreille attentive aux plaintes, aux demandes, aux leçons, aux promesses du divin Cœur de Jésus.

1. MÉDITATION

LES PLAINTES, LES DEMANDES, LES LEÇONS, LES PROMESSES DU SACRÉ-CŒUR

> *Venite ad me, omnes qui laboratis et onerati estis, et ego reficiam vos.*
> Venez à moi, vous tous qui êtes dans la peine; venez à moi, vous tous qu'un faix accable, et je vous ranimerai!
> (S. MATTH., XI, 18.)

I. *Les plaintes du Sacré-Cœur.* — Notre divin Sauveur a beaucoup à se plaindre de nous : il nous aime, et nous ne l'aimons pas; il nous a comblés de ses bienfaits, et nous ne le payons que d'ingratitude; il nous fait avances sur avan-

ces, et nous n'y répondons que par l'indifférence.
Ce qui met le comble à sa tristesse, c'est que ce
sont ceux-là mêmes auxquels il a réservé la plus
grande part de ses faveurs, qui se montrent les
plus indifférents et les plus ingrats. Peut-être,
du moins avant d'aller nous instruire et nous
sanctifier à Lourdes, peut-être avons-nous mérité
ces plaintes; faisons en sorte de ne plus y donner
sujet désormais. Guerre sans relâche à la tiédeur; soyons fervents.

II. *Les demandes du Sacré-Cœur.* — Il demande
d'abord des *réparations*, qu'il semble ériger en
devoir; ensuite, comme moyens de réparation,
il sollicite certaines *pratiques de dévotion*, telles
que l'Heure sainte, la Communion fréquente,
l'Amende honorable, une Consécration solennelle à son service.

Pourrons-nous, à celui qui nous a tant aimés
et à qui nous devons tout, refuser le peu qu'il
nous demande? Non, non.

Revenons souvent sur ces demandes du Cœur
de Jésus; méditons-les à loisir, afin d'en bien
saisir toute l'étendue et toute l'importance.

III. *Les leçons du Sacré-Cœur.* — « Vous n'avez
qu'un maître, le Christ. » Seul, en effet, le Sauveur Jésus est la vérité; seul il est la lumière;
seul il peut bien faire comprendre à ses disciples
ce qu'il enseigne. Il a donc toute raison de dire :
Discite a me; apprenez auprès de moi.

Que nous apprend-il donc?... Qu'il nous a
aimés : *Voilà, dit-il, ce cœur qui a tant aimé les
hommes !* C'est sa première leçon. En voici trois
autres : *Soyez doux et humbles de cœur comme
moi; aimez-vous les uns les autres, de la manière
que moi-même je vous ai aimés; demeurez unis
entre vous, comme je le suis à mon Père.* Et ce

no sont pas les seules : mais si nous savons mettre celles-là en pratique, nous serons bientôt parfaits.

IV. *Les promesses du Sacré-Cœur.* — *Venez à moi, vous tous qui ployez sous le poids du travail et de votre fardeau, et je vous referai vos forces.* (S. MATHIEU, XI.) C'est la promesse générale, celle de l'Évangile. Puis il en est de particulières, en grand nombre, qui nous furent faites par l'organe de la Bienheureuse Marguerite-Marie. Gravons-les toutes dans notre mémoire :

1. *Je leur donnerai toutes les grâces nécessaires à leur état;*

2. *Je mettrai la paix dans leur famille;*

3. *Je les consolerai dans leurs peines;*

4. *Je serai leur refuge pendant la vie et surtout à la mort;*

5. *Je répandrai d'abondantes bénédictions sur toutes leurs entreprises;*

6. *Les pécheurs trouveront dans mon Cœur la source et l'océan infini de la miséricorde;*

7. *Les âmes tièdes deviendront ferventes;*

8. *Les âmes ferventes s'élèveront à une grande perfection;*

9. *Je bénirai les maisons où l'image de mon Cœur sera exposée et honorée;*

10. *Je donnerai aux prêtres le talent de toucher les cœurs les plus endurcis;*

11. *Les personnes qui propageront cette dévotion auront leur nom écrit dans mon Cœur, et il n'en sera jamais effacé;*

12. *Les personnes qui communieront les premiers vendredis du mois, neuf fois de suite, seront assurées de leur persévérance finale.*

C'est ainsi que, selon la prophétie d'Isaïe, reposant sur le divin Cœur de Jésus, nous y puiserons à longs traits, avec une joie inénarrable, les eaux du salut : *Haurietis aquas in gaudio de fontibus Salvatoris.*

Résolution. — Je m'efforcerai de donner à Notre Seigneur ce qu'il me demande, et pour m'y encourager, je méditerai de temps en temps les douze promesses qu'il a faites en faveur de ceux qui ont une dévotion spéciale à son Sacré-Cœur.

Pensée. — Notre grand tort a été d'ignorer, ou d'oublier du moins, combien notre divin Sauveur nous aime ; désormais notre joie sera *de croire*, avec l'apôtre saint Jean, *à cet amour infini*, qui est la source de tout notre bonheur en ce monde et en l'autre : *Et nos credidimus charitati quam habet Deus in nobis.*

Prière. — O Jésus, faites que je croie à votre amour !

ONZIÈME JOUR

La Clôture du Pèlerinage.

Notre Pèlerinage est achevé ; achevée aussi cette retraite qu'il nous a fait faire en la compagnie de Jésus et de Marie. Il nous reste maintenant à profiter d'une si grande grâce et à remercier celui qui nous l'a accordée.

MÉDITATION

L'ACTION DE GRACES

In omnibus gratias agite.
Rendez grâces à Dieu en toutes choses.   (Ecc. v, 18).

De son cœur tout pénétré de reconnaissance, le B. P. Fourier avait tiré cette belle maxime : « *Habemus bonum Dominum ; habemus bonam*

Dominam ; **nous avons un bon maître, nous avons une bonne souveraine.** » Que la devise du Bon Père soit également celle de nos cœurs reconnaissants.

I. *Nous avons en Marie une bonne souveraine.* Que de bien elle nous a fait en comparaison du peu qu'elle nous a demandé ! Qu'on se trouve bien à son service ! Qu'elle est prompte à exaucer notre prière ! Que sa main est habile à guérir nos blessures ! Que de joies elle a le secret de verser dans nos âmes ! Oui, vraiment, nous avons en Marie la meilleure des souveraines. Prenons la résolution de la servir toute notre vie, le mieux que nous pourrons.

II. *Nous avons en Jésus un bon maître,* qui nous aime, qui voit tout ce que nous faisons pour lui, qui sait apprécier nos sacrifices et notre dévouement, qui nous pardonne volontiers nos fautes, qui récompense magnifiquement nos services. En même temps que notre Maître, il est notre Dieu, non pas le Dieu que se figurent les philosophes, un Dieu abstrait, mort, indifférent à sa créature ; mais le Dieu vivant et vrai qui nous connaît tous par notre nom, qui s'occupe de chacun de nous, qui entend la moindre de nos prières, qui pourvoit à nos besoins de chaque jour, et dans le commerce familier de qui nous sommes admis à vivre nous-mêmes, au moyen de la foi, de l'espérance, de la charité.

Résolution. — En les goûtant, nous avons appris à mieux connaître la bonté de Marie et la bonté de Jésus : *Gustate et videte quoniam suavis est Dominus* (Ps. 33, 9). Nous garderons avec soin et développerons autant que nous pourrons cette divine connaissance, la regardant comme l'un des fruits les plus précieux de notre pèlerinage.

Pensée. — Si Notre-Seigneur souffre de notre défaut de confiance en lui, il ne souffre pas moins de l'espèce de doute pratique sur sa bonté, qui engendre en nous cette défiance.

Prière. — O Jésus, *ordonnez que j'aille à vous* avec une confiance sans limites !

————

TROISIÈME PARTIE

CANTIQUES ET HYMNES

CANTIQUES

Cantique au Sacré-Cœur.

Pi - tié, mon Dieu ! c'est

pour notre pa - trie Que nous prions au

pied de cet au-tel. Les bras li-és et

la fa - ce meurtrie, Elle a porté ses

regards vers le ciel. Dieu de clé-mence,

Dieu pro-tecteur, Sauvez, sauvez la France, Au

nom du Sa - cré - Cœur, Sau-

vez, sau-vez la France, Au nom du Sa-cré-Cœur.

. Pitié, mon Dieu ! Sur un nouveau Calvaire
Gémit le Chef de votre église en pleurs ;
Glorifiez le successeur de Pierre
Par un triomphe égal à ses douleurs.

. Pitié, mon Dieu ! la Vierge Immaculée
N'a pas en vain fait entendre sa voix.
Sur notre terre ingrate et désolée
Les fleurs du Ciel croîtront comme autrefois.

. Pitié, mon Dieu ! pour tant d'hommes fragiles
Vous outrageant sans savoir ce qu'ils font ;
Faites renaître, en traits indélébiles,
Le sceau du Christ imprimé sur leur front !

. Pitié, mon Dieu ! votre Cœur adorable
A nos soupirs ne sera pas fermé ;
Il nous convie au mystère ineffable
Qui ravissait l'Apôtre bien-aimé.

. Pitié, mon Dieu ! que la source de vie
Auprès de nous ne coule pas en vain,
Mais qu'en ces lieux Marguerite-Marie,
Nous associe à son tourment divin !

. Pitié, mon Dieu ! quand, à votre servante,
De votre Cœur vous dévoiliez l'amour,
Vous avez vu la France pénitente
A ce trésor venant puiser un jour.

. Pitié, mon Dieu ! trop faibles sont nos âmes
Pour désarmer votre juste courroux ;
Embrasez-les de généreuses flammes
Et rendez-les moins indignes de vous.

9. Pitié, mon Dieu ! si votre main châtie
Un peuple ingrat qui semble la braver,
Elle commande à la mort, à la vie,
Par un miracle elle peut nous sauver !

Cantique de Notre-Dame de Salut.
(Air de *Pitié mon Dieu*).

1. Tout enivré d'une gloire éphémère,
Peuple aveuglé, nous blasphémions ta loi.
Faut-il encor le fracas du tonnerre,
Pour réveiller le cri de notre foi ?

REFRAIN

Dieu de clémence,
Vois nos douleurs !
Sauve, sauve la France, } *bis.*
Exauce enfin nos pleurs.

2. Dans l'ouragan, la lueur d'une étoile
Rend au pilote et la force et l'espoir.
Elle a paru, brillante sous son voile,
L'étoile d'or, au milieu d'un ciel noir.

3. Quel est ton nom, astre dont la lumière
Vient resplendir sur nos sommets tremblants ?
C'est le salut qu'elle apporte à la terre,
C'est le salut pour les cœurs pénitents.

4. Son nom béni, c'est le nom d'une mère ;
C'est la bonté qui s'incline vers nous.
« Priez, enfants ! dit-elle ; la prière
« Peut désarmer le céleste courroux.

5. « Enfants, priez ! Voyez pleurer vos mères.
« Pleurez aussi ! Vos pères ont péché.
« Ah ! que vos cris, que vos larmes amères,
« Montent vers Dieu ! son cœur sera touché. »

6. Douce Marie, ô Mère secourable,
Auguste Reine, ayez pitié de nous !
Ayez pitié de la France coupable !
Priez pour nous, qui recourons à vous.

Vive Jésus! Vive sa Croix!

Vi-ve Jé-sus! vi-ve sa croix! Oh! qu'il est
bien jus-te qu'on l'ai-me, Puis-qu'ex-pi-
rant sur le bois, Il nous ai-ma plus que lui-
mê-me. *Refrain.* Chré-tiens chan-tons à hau-te
voix: Vi-ve Jé-sus! vi-ve sa croix! croix!

2. Vive Jésus! Vive sa croix!
Car Jésus l'ayant épousée,
Elle n'est plus comme autrefois,
Un objet d'horreur, de risée.

3. Vive Jésus! Vive sa croix!
Où notre Sauveur débonnaire,
Par ses langueurs et ses abois,
Satisfit pour nous à son Père.

4. Vive Jésus! Vive sa croix!
La chaire de son éloquence,
Où me prêchant ce que je crois,
Il m'apprend tout par son silence.

5. Vive Jésus! Vive sa croix!
Puisqu'elle nous est si féconde:
C'est par la mort du Roi des rois
Qu'il accorde la vie au monde.

6.   Vive Jésus! Vive sa croix!
Ce n'est pas le bois que j'adore;
Mais c'est mon Sauveur sur ce bois
Que je révère et que j'implore.

7.   Avec Jésus, aimons la croix!
Prenons-la pour notre partage;
Ce juste, cet aimable choix,
Conduit au céleste héritage.

Vierge, notre Espérance.

O toi Mè-re ché - ri - e, Qui

nous ai-mas tou - jours, Pi - tié pour la Pa-

tri - e En ces fu-nes-tes jours!

Refrain.

Vier-ge, notre es-pé-ran-ce, É-

tends sur nous ton bras, Sau-ve, sau-ve la

Fran-ce, Ne l'a-ban-don-ne

pas, Ne l'a-ban-don-ne pas.

2.   Vois comme, dans la France,
       On ne peut t'oublier,
       Comme avec confiance
       On aime à te prier.

3.   Souviens-toi que la France,
       En tes aimables mains,
       Aux jours de sa puissance,
       A remis ses destins.

4.   Il est vrai que la France
       A courroucé le Ciel !
       Mais pour sa délivrance,
       Vois-nous à ton autel !

5.   Nous t'en prions, Marie !
       Désarme le Seigneur :
       Pitié pour la patrie
       Qui t'a donné son cœur !

6.   Rome, cité chérie,
       N'espère plus qu'en toi :
       Par nous sauve, Marie,
       Le grand Pontife-Roi !

7.   Des maux de la patrie
       Arrête enfin le cours,
       Et nous serons, Marie,
       Tes vrais enfants toujours !

Salut d'Arrivée.

Air : *Ave Maria* de Lourdes.

1. Sur cette colline
   Marie apparut
   Au front qu'elle incline
   Rendons le salut :   *Ave.*

2. A l'enfant timide
   Priant au vallon,
   Au Gave rapide
   Elle a dit son nom. *Ave.*

3. L'enfant le répète,
   Comme un doux écho;
   Le Gave lui prête
   La voix de son flot; *Ave.*

4. La France l'écoute,
   Se lève soudain,
   Et se met en route
   Chantant ce refrain : *Ave.*

5. La voix maternelle
Dit : Venez ici !
Le peuple fidèle
Répond, me voici ! *Ave.*

6. Un souffle de grâce
Pousse vers ce lieu,
Ce souffle qui passe
Est celui de Dieu. *Ave.*

7. C'est notre Lorraine
Qui vient à son tour.
A sa Souveraine
Dire son amour. *Ave.*

8. Reçois la prière
De tes pèlerins;
Montre-toi leur Mère,
De tous fais des saints.
Ave.

A Notre-Dame de Lourdes.

O Ma - ri - e, ô di - vi - ne Mè - re, La France tombe à tes ge-noux, Vois nos dou-leurs, no - tre mi-sè - re, Pi - tié, pi - tié, dé-li - vre-nous, Pi - tié, pi - tié, dé-li-vre-nous.

La France, ô Mère, est ta fil - le ché - ri - e; Dans ses revers, tu l'as - sis-tas toujours; Viens la sauver, car

san-glante et meur - trie - e,

Tout son espoir n'est plus qu'en ton secours. O Ma-

2. Tous gémissants, vers le Dieu du Calvaire
Nous élevons et nos cœurs et nos voix ;
Il entendra notre ardente prière,
Lui qui pour nous expira sur la croix.

3. Près de Jésus sois notre protectrice !
Et de nos maux ton Immaculé Cœur
Par sa vertu, sainte Médiatrice,
Conjurera le fléau destructeur !

4. Peuple, à genoux ! Voici l'auguste Mère !
Du haut du ciel sur nous sa main s'étend !
Elle bénit la France et le Saint-Père,
Elle a vaincu la rage du serpent.

A Léon XIII, Pontife-Roi.

Maestoso,   Aloys Kunc.

Strophe

Au - tour du suc-ces-seur de

Pier - re, En-fants du Christ, ral-li - ons-

nous;   Et fiers d'un Pon-ti-fe si

doux, Marchons toujours sous sa ban-nière!

Refrain.

Gloire au Pon-tife u-ni-ver-sel, L'hon-

neur et l'amour de la ter-re!

Gloire au saint Vieillard d'Is-ra-ël! A Lui nos

cœurs, c'est no-tre Pè-re! A Lui nos

cœurs, c'est no-tre Pè-re!

2. Sur son front brille la couronne
De la plus sainte royauté;
A Rome, pour l'éternité,
Le Christ un jour fonda son trône.

3. Gardien des vérités divines,
Guide fidèle et saint Pasteur,
Il est l'infaillible Docteur
D'un siècle aveugle en ses doctrines.

4. Dociles à sa voix féconde,
Nos cœurs soumis se courberont,
Et dans nos dogmes trouveront
L'arme qui doit sauver le monde.

5.   Salut, noble héritier de Pierre,
Centre vivant de l'unité,
Oracle de la vérité,
Foyer vivant de la lumière !

6.   En vous, Léon, le monde espère,
Vers vous s'élèvent tous les vœux,
Oui, le salut descend des cieux,
Votre parole nous éclaire.

7.   Malgré les haines acharnées,
Le Roi-Pontife est toujours là !
Victoire au lion de Juda !
A Léon de longues années !

8.   Dans ce temps de folles tempêtes,
Gardez, Seigneur, ce nautonnier
Dont le bras seul peut éloigner
La foudre grondant sur nos têtes.

Je suis Chrétien.

Refrain.

Je suis chré-tien, voi-là ma gloi-re, Mon es-pé-rance et mon sou-tien, Mon chant d'a-mour et de vic-toi-re, Je suis chré-tien ! Je suis chré-tien !

Solo.

Je suis chré-tien sur cet-te

ter - re, Je pas-se comme un voy - a-

geur; Tout i - ci - bas n'est que mi-

sè - re, Je vais au ciel et au bon-heur.

2. Je suis chrétien ; par mon baptême,
Je l'ai juré dans le saint lieu ;
Et je le jure à l'instant même :
Je suis chrétien, je suis à Dieu.

3. Je suis chrétien : jadis ma mère
Me faisait prier à genoux ;
J'aime à redire sa prière :
« Seigneur, ayez pitié de nous. »

4. Je suis chrétien, et ma pensée
Revient sans cesse à ce beau jour,
Où comme à la fleur la rosée,
Vint à mon cœur le Dieu d'amour.

5. Je suis chrétien ; mais la jeunesse
A livré mon cœur au plaisir ;
Aujourd'hui, le remords m'oppresse ;
Pour Dieu je veux vivre et mourir.

6. Je suis chrétien ; sur le Calvaire,
Un Dieu fait homme est mort pour moi.
Oh ! prends pitié de ma misère,
Seigneur Jésus, je suis à toi.

7. Je suis chrétien ; dans cette vie
Ma voie est pleine de douleurs ;
Mais un Dieu l'a d'abord suivie ;
Chrétien, courage ; en haut les cœurs !

8. Je suis chrétien; en ce bas monde,
Tout n'est, hélas ! que vanité,
Et la vertu seule est féconde
Pour le temps et l'éternité.

Catholiques et Français.

Refrain

O Ma - rie, ô Mè - re ché -

ri - e, Garde au cœur des Français la

foi des anciens jours, En - tends du haut du

ciel Le cri de la pa - tri - e: Ca - tho -

liques et Fran - çais tou - jours; En-

tends du haut du ciel, Le cri de la pa -

tri - e: Ca - tholiques et Fran - çais tou -

jours, Ca - tholiques et Français tou - jours.

Couplet

Devant l'ima-ge de Ma-ri-e

Tombe à genoux peu-ple chré-tien;

Et que ta ban-niè-re ché-ri-e

S'in-cline à son nom trois fois saint. (au Ch.)

2. De la France puissante égide,
   Ton peuple ne veut pas mourir :
   Ecrase un ennemi perfide;
   Empêche la foi de périr.

3. Console-toi, Vierge Marie,
   La France revient à son Dieu;
   Viens, souris à notre patrie :
   D'être chrétienne elle a fait vœu.

4. Elle assiège le sanctuaire !
   Elle accourt dans tes saints parvis !
   Grâce, grâce, ô puissante Mère,
   Fléchis le Cœur de Dieu ton Fils.

5. La France est à jamais fidèle
   A l'Eglise, au Pontife-Roi :
   Elle est à toi, veille sur elle,
   Garde-lui son Christ et sa foi.

Au Sacré-Cœur.
Musique de M. CASPARD.

Lent.

Solo.

Cœur in-fi-niment bon, des crimes de la

Fran-ce   Ne vous sou-ve-nez plus.   De

ses afflic-ti-ons et de son es-pé-rance   Sou-

ve-nez-vous, Jé-sus.

2.

D'un siècle de malheur, honte de notre histoire,
    Ne vous souvenez plus;
Du temps où nos croisés mouraient pour votre gloire,
    Souvenez-vous, Jésus !

3.

De l'Évangile saint déchiré page à page,
    Ne vous souvenez plus;
Des larmes des chrétiens déplorant cet outrage,
    Souvenez-vous, Jésus !

4.

De votre Corps sacré profané par la haine,
    Ne vous souvenez plus;
Des vrais adorateurs qu'à Vous l'amour enchaîne,
    Souvenez-vous, Jésus !

5.

De ces livres maudits qui corrompent l'enfance,
    Ne vous souvenez plus;
Mais des hommes de cœur luttant pour sa défense,
    Souvenez-vous, Jésus !

6.

D'une foule insultant l'honneur et la justice,
    Ne vous souvenez plus;
Du sang de nos martyrs courant au sacrifice,
    Souvenez-vous, Jésus !

7.

De l'orgueil insensé qui nie et qui blasphème,
Ne vous souvenez plus ;
Des asiles bénis où l'on chante, où l'on aime,
Souvenez-vous, Jésus !

8.

De vos temples souillés et de vos lois enfreintes,
Ne vous souvenez plus ;
Des peuples accourant sur les montagnes saintes,
Souvenez-vous, Jésus !

Les Prédilections du Cœur de Jésus pour la France.

Paroles de Mme X.   *Avec permission.*   Musique de Ch. CASPAR.

Refrain.

Cœur de Jé - sus, no - tre es - pé -
ran - ce, Rends - nous la foi,
Ah ! jet - te un re - gard sur la France,
Elle est à toi, Elle est à toi !

1er Couplet.

Elle est à toi, Cœur a - do -

ra - ble, Tu l'as con-quise à son ber-

ceau : Clo - vis, ô mys - tè - re i-nef-fable!

La mar - qua de ton di-vin sceau. (Au Ref.)

2. Elle est à toi !... De l'hérésie
   Gardant son trône et ses autels.
   Elle fut la race choisie
   Pour te révéler aux mortels.

3. Elle est à toi !... Si ta justice
   Contre elle un jour a dû sévir,
   Vois ses larmes !... et sois propice
   Aux accents de son repentir.

4. Elle est à toi !... Dans ta clémence,
   Abrège ses jours de douleur.
   Des derniers âges de la France,
   Sois encor la force et l'honneur.

5. Elle est à toi !... Garde mémoire
   De ses combats, de son amour.
   Fais qu'elle vive pour ta gloire,
   Et toi, rends-lui la sienne un jour.

6. Elle est à toi, notre patrie,
   Jésus, nous te la consacrons
   Entends l'univers qui te crie :
   Sauve la France, et nous vivrons !

7. Rappelle ce nouveau Lazare,
   Cœur sacré, du fond du tombeau,
   Et ne permets plus qu'il s'égare
   Loin de toi, son divin flambeau.

Laudate Mariam.

(Imitation du Psaume 148.)

Paroles de l'abbé H. BOURIN.

Au ciel et sur ter-re, Que tou-tes les

voix, Pour vous, ô ma Mè-re, Chan-

tent à la fois : Lau - da-te, lau-

da-te, lau - da-te Ma-ri-am; Lau-da-te, lau-

da-te, lau - da-te Ma-ri-am !

Laudate Mariam de cœlis.

2. Puissante harmonie
Des mondes errants,
Sois près de Marie
L'écho de mes chants.

3. Après Dieu, saints anges,
Qui mérite mieux
Vos justes louanges
Au séjour des cieux !

4. Chantez sa victoire,
Cieux étincelants,
Racontez sa gloire
A tous ses enfants !

5. Image pâle
Du manteau vermeil
Qui revêt Marie,
Que dis-tu, soleil ?

6. Douce est ta lumière,
Bel astre des nuits,
Plus belle est ma Mère
Dans le Paradis !

7. Etoiles que j'aime
A voir resplendir,
Sur son diadème
Venez vous unir.

8. Nuit, dans ton silence
Si mystérieux,
Au jour qui s'avance
Dis son nom pieux.

9. Bénis, fraîche aurore,
Ce nom virginal,
Que rappelle encore
L'astre matinal.

10. Nuage qui passes
Dans le firmament,
Célèbre les grâces,
Que sa main répand.

Laudate Mariam de terra.

11. O terre féconde [fleurs
En fruits comme en
Que ta voix réponde
Aux célestes chœurs !

12. Sur la mer immense
Grande voix des flots,
Bénis sa clémence
Pour les matelots !

13. Par vos blanches cimes,
Vos lointains échos,
Chantez, monts subli- [mes,
Ces refrains si beaux :

14. O neige argentée,
Virginal Thabor,
Notre Immaculée
Est plus pure encor !

15. Forêts de verdure
Qu'agite le vent,
Que votre murmure
Redise souvent :

16. Oiseaux, troupe ailée,
Qui fendez les airs,
A l'Immaculée
Portez vos concerts !

17. Lorsque Mai rayonne,
Prêtez vos couleurs,
Pour parer son trône,
O charmantes fleurs !

18. Parmi la bruyère,
Pasteurs et troupeau,
Bénissez la Mère
Du divin Agneau !

19. Ondes fugitives,
Ruisseaux du vallon,
Aux fleurs de vos rives
Apprenez son nom.

20. L'homme, roi sur terre,
Mais roi malheureux,
Pourrait-il se taire,
Quand tout chante aux [cieux ?

21. Pour la Vierge pure,
Homme voyageur,
Prête à la nature
L'amour de ton cœur.

22. Au ciel et sur terre,
Que toutes les voix
Pour vous, ô ma Mère,
Chantent à la fois.

Autre Cantique Laudate Mariam (1).

1. O vous, qui sur terre
N'aspirez qu'au Ciel,
Chantez d'une Mère
Le nom immortel.

REFRAIN

Laudate, laudate, } *bis.*
Laudate Mariam.

(1) La musique et les paroles de ce cantique sont de M. F.-X.

2. Elle est apparue :
L'enfant de son cœur
Naguère l'a vue
Brillant de splendeur.

3. Heureuse colline,
Monts, qu'elle a ravis,
Que sa main divine
A souvent bénis.

4. Échos des vallées
Qu'avec tant d'amour
Elle a visitées,
Chantez tour à tour.

5. Que ton doux murmure,
Rapide torrent,
A la Vierge pure
Redise ce chant.

6. Rocher Massabielle,
Rochers glorieux
Qui vîtes si belle
La Reine des cieux.

7. Et vous, grotte obscure,
Églantier fleuri,
A qui, Vierge pure,
Douce elle a souri.

8. Aux hymnes des anges,
Soleils radieux,
Mêlez vos louanges;
Chantez, terre et cieux.

9. O Mère, j'envie
Le bonheur si doux
De l'enfant bénie
Priant avec vous.

10. Quand votre sourire
Ravissait son cœur,
Il semblait lui dire :
« Prie avec ferveur. »

11. Et quand votre image
Soudain la charmait,
Son chaste visage
Brillant s'enflammait.

12. En votre présence
Le monde fuyait,
Et dans le silence
Son cœur vous parlait.

13. Un jour, vos paupières
Se voilaient de pleurs,
Vos larmes amères
Montraient vos douleurs.

14. « O Dame si belle,
Pourquoi pleurez-vous? »
« Que faire ? » dit-elle.
« Ah ! dites-le nous ! »

15. « Je veux que la France
« Après tant d'erreurs,
« Dans la pénitence
« Répande des pleurs.

16. « Va, fille fidèle,
« Aux prêtres pieux
« Dis qu'une chapelle
« S'élève en ces lieux.

17. « Dans ce sanctuaire,
« Venez m'implorer,
« Que toute la terre
« Y vienne prier.

18. « Qu'avec allégresse,
« Chantant mon saint
[nom,
« La foule s'y presse
« En procession.

19. « La source féconde
« Qui coule en ce lieu

Moreau, curé de Sorigny (Indre-et-Loire), qui nous a permis de les reproduire.

Les strophes de l'autre *Laudate Mariam*, que l'on trouve à la page 171 du *Manuel*, ont été empruntées, avec l'autorisation expresse de l'auteur, au recueil des *Petites Fleurs de Mai*, par M. l'abbé Boutin, en vente chez Haton, rue Bonaparte, 35, Paris, ou chez l'auteur, à Saint-Étienne-du-Bois (Vendée).

« Va montrer au monde
« La bonté de Dieu.

20. « Qu'on y vienne boire,
« S'y laver joyeux,
« Y chanter ma gloire,
« Mes bienfaits nom -
[breux. »

21. L'enfant éblouie,
Fixant vos doux traits,
Vous disait, ravie
Devant tant d'attraits.

22. « O fleur matinale,
« Céleste rayon,
« Beauté virginale,
« Dis - moi ton doux
[nom ! »

23. « — Je suis appelée
« *La Conception,*
« Pure, *Immaculée.* »
Gloire à ce saint nom !

24. Bénissez, ô Mère,
Vos pieux enfants,
Avec leur prière
Acceptez leurs chants.

25. Comme à Bernadette,
Parlez-nous toujours ;
L'orage s'apprête,
Veillez sur nos jours.

26. Lis de la vallée,
O Reine des fleurs,
Vierge Immaculée,
Parfumez nos cœurs.

27. Avec la lumière
Du cierge qui luit
Que notre prière
Monte à vous sans bruit.

28. Brillez, blanche étoile,
Bel astre des mers,
Guidez notre voile
Sur les flots amers.

29. O céleste Reine,
Du plus haut des cieux,
Sur votre Lorraine
Abaissez les yeux.

30. Dans votre chapelle,
Pleine de vos faveurs,
O Vierge fidèle,
Nous laissons nos cœurs.

31. Divine patronne
Qui régnez aux cieux,
O Mère si bonne,
Recevez nos vœux,

32. Nous voulons sur terre
Jusqu'aux derniers jours
Vous chanter, vous plai-
Vous aimer toujours. [re

33. O Mère chérie,
Donnez-nous l'espoir,
Après cette vie,
Au ciel de vous voir.

34. Et dans la lumière
Du jour éternel
Toujours, tendre Mère,
Nous dirons au ciel.

Pour le chant du « Magnificat. »

Après chaque verset du Magnificat, dire un des Refrains.

Ma - gni - fi-cat, ma - gni - fi - cat

ani - ma me - a Do - mi - num.

Andante.

C'est toi notre es - pé -

ran - ce : E - tends sur nous ton bras; O

Rei - ne de la Fran - ce, Ne l'a - ban - don - ne

pas, Ne l'a - ban - don - ne pas.

Allegretto moderato dolce.

Sois bé - nie, O Ma -

ri - el Nous chan - tons tes bien -

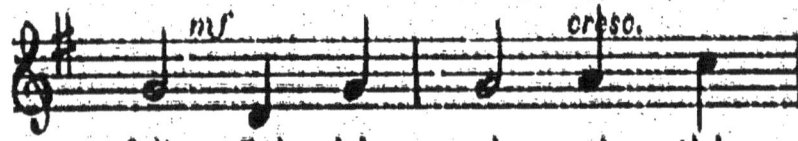

faits; Sois bé - nie et ché -

ri - e de nos cœurs à ja - mais!

Cantique au B. Pierre Fourier.

Air : *Pitié mon Dieu.*

D'un vrai héros, d'un prêtre plein de zèle
Brûlant d'amour pour l'homme et le Seigneur,
  Nous célébrons la mémoire immortelle.
  Chrétiens, prions, chantons-lui tous en chœur :

Refrain. — Sur notre terre,
          Du haut des cieux,
          Vers nous, vers nous, Bon Père, } *bis.*
          Daigne abaisser les yeux

2. A la vertu dès sa plus tendre aurore,
   Pierre livra son esprit et son cœur,
   Et pour le Dieu que l'ange au ciel adore
   Il s'embrasa d'une sainte ferveur.
          Sur notre terre, etc.

3. Humble et docile à la voix qui l'appelle,
   Loin de ce monde où la vertu se perd,
   A son sauveur craignant d'être infidèle,
   Il fuit, il va s'enfermer au désert.
          Sur notre terre, etc.

4. L'éclat divin dont brille son mérite,
   Du vice impur offusque les regards ;
   Mais des méchants la tourbe en vain s'irrite.
   Dieu le protège ! Il se rit de leurs dards.
          Sur notre terre, etc.

5. Plus tard, gagnés par ses vertueux charmes,
   Ils reviendront à l'antique ferveur ;
   Pierre verra couler de saintes larmes,
   Et ses vertus attendriront leur cœur.
          Sur notre terre, etc.

6. Un pur essaim de vierges bienfaisantes
   Se réunit sous son austère loi,
   Pour enseigner aux âmes innocentes
   La charité, l'espérance et la foi.
          Sur notre terre, etc.

7. Tout pénétré du prix que vaut une âme,
   Digne Pasteur, il fait, plein d'onction,
   A la vertu céder le vice infâme,
   Et change ainsi Babylone en Sion.
          Sur notre terre, etc.

8. En chaire, il est un nouveau Jean-Baptiste,
   Au saint autel, il est un chérubin ;
   Au tribunal, nul cœur ne lui résiste,
   Tant de son âme il sort un feu divin.
          Sur notre terre, etc.

9. Peuple aveuglé par la sombre hérésie,
   Apôtre ardent, Pierre à votre secours
   Vole ; et sa voix des erreurs ennemie,
   De ce fléau suspend, tarit le cours.
          Sur notre terre, etc.

10. Ayant vécu d'une si sainte vie,
    Combien, ô Dieu ! lui fut douce la mort !
    Il règne au ciel, éternelle patrie,
    Où triomphant il a pris son essor !
          Sur notre terre, etc.

11. Tendre Pasteur, Pierre, ô notre Bon-Père,
    De ces doux noms, là-haut, souvenez-vous :
    Voyez un peuple entier qui vous vénère ;
    O Père aimant, souvenez-vous de nous !
          Sur notre terre, etc.

HYMNES

Vexilla Regis.

VEXILLA Regis prodeunt :
Fulget crucis mysterium,
Qua vita mortem pertulit,
Et morte vitam protulit.

   Quæ vulnerata lanceæ
Mucrone diro, criminum
Ut nos lavaret sordibus,
Manavit unda et sanguine.

Impleta sunt, quæ concinit
David fideli carmine,
Dicendo nationibus :
Regnavit a ligno Deus.

   Arbor decora, et fulgida,
Ornata Regis purpura,
Electa digno stipite
Tam sancta membra tangere.

Beata, cujus brachiis
Pretium pependit sæculi,
Statera facta corporis,
Tulitque prædam tartari.

O Crux ave, spes unica,
In hac triumphi gloria

Piis adauge gratiam,
Reisque dele crimina.

Te fons salutis, Trinitas,
Collaudet omnis spiritus :
Quibus Crucis victoriam
Largiris, adde præmium.

Stabat Mater.

Stabat Mater dolorosa,
Juxta Crucem lacrymosa,
Dum pendebat Filius.

Cujus animam gementem,
Contristatam et dolentem,
Pertransivit gladius.

O quam tristis et afflicta
Fuit illa benedicta
Mater Unigeniti !

Quæ mœrebat, et dolebat,
Pia Mater dum videbat
Nati pœnas inclyti.

Quis est homo qui non
fleret.
Matrem Christi si videret,
In tanto supplicio ?

Quis non posset contris-
tari,
Christi Matrem contemplari
Dolentem cum Filio ?

Pro peccatis suæ gentis
Vidit Jesum in tormentis,
Et flagellis subditum.

Vidit suum dulcem na-
tum,
Moriendo desolatum,
Dum emisit spiritum.

Eia, mater! fons amoris,
Me sentire vim doloris
Fac ut tecum lugeam.

Fac ut ardeat cor meum
In amando Christum Deum
Ut sibi complaceam.

Sancta Mater istud agas,
Crucifixi fige plagas
Cordi meo valide.

Tui nati vulnerati,
Tam dignati pro me pati,
Pœnas mecum divide.

Fac me tecum pie flere,
Crucifixo condolere,
Donec ego vixero.

Juxta Crucem tecum stare
Et me tibi sociare
In planctu desidero.

Virgo virginum præclara,
Mihi jam non sis amara,
Fac me tecum plangere.

Fac ut portem Christi
mortem,
Passionis fac consortem,
Et plagas recolere.

Fac me plagis vulnerari,
Fac me Cruce inebriari,
Et cruore Filii.

Flammis ne urar succen-
sus,
Per te Virgo sim defensus
In die judicii.

Christe, cum sit hinc exire,
Da per Matrem me venire
Ad palmam victoriæ.

Quando corpus morietur,
Fac ut animæ donetur
Paradisi gloria. — Amen.

12

Hymne des Matines de la Fête de l'Apparition de N.-D. de Lourdes.

Chant de l'*O salutaris*, ou de *Tristes erant Apostoli,* ou de *Creator alme siderum.*

Te dicimus præconio (1)
Intacta Mater Numinis.
Nostris benigna laudibus
Tuam repende gratiam.

Sontes Adami posteri,
Infecta proles gignimur;
Labis paternæ nescia
Tu sola, Virgo, crederis.

Caput draconis invidi
Tu conteris vestigio,
Et sola gloriam refers
Intaminatæ originis.

O gentis humanæ decus

Quæ tollis Hevæ oppro-
brium,
Tu nos tuere supplices,
Tu nos labantes erige.

Serpentis antiqui potens
Astus retunde et impetus,
Ut cœlitum perennibus
Per te fruamur gaudiis.

Jesu, tibi sit gloria
Qui natus es de Virgine,
Cum Patre et almo Spiritu
In sempiterna sæcula.
Amen.

Hymne des Laudes de la même Fête.

Aurora soli prævia (2)
Felix salutis nuncia,
In noctis umbra plebs tua
Te, Virgo, supplex invocat.

Torrens nefastis fluctibus
Cunctos trahens voragine,
Leni residit æquore,
Cum transit Arca fœderis.

(1) Nous vous adressons nos hommages, Mère de Dieu, pure et sans tache; en retour de nos louanges, que votre bonté daigne nous accorder ses faveurs.

Fils coupables d'Adam, nous sommes conçus dans le péché; Vous seule, ô Vierge, la foi nous l'enseigne, avez été préservée de la souillure de notre premier père.

Vous écrasez sous vos pieds la tête du dragon jaloux, et seule vous conservez la gloire de la justice originelle.

Honneur du genre humain, Vous avez lavé l'opprobre d'Ève; soutenez-nous dans nos prières, relevez-nous dans nos chutes.

Par votre puissance, repoussez les traits et l'astuce de l'antique serpent, afin que par Vous nous arrivions aux joies éternelles des élus!

Gloire soit à vous, ô Jésus, qui êtes né de la Vierge; en union avec le Père et le Saint-Esprit, dans les siècles sans fin! Ainsi soit-il!

(2) Aurore qui précédez le soleil, heureuse messagère du salut, votre peuple, dans les ombres de la nuit, vous adresse, ô Vierge, ses invocations suppliantes.

Le torrent aux sombres flots entraîne tous les hommes vers

Dum torret aréscens humus,
Tu rore sola spargeris;
Tellure circum rorida,
Intacta sola permanes.

Fatale virus evomens
Attollit anguis verticem;
At tu draconis turgidum
Invicta conteris caput.

Mater benigna, respice
Fletus precesque supplicum,
Et dimicantes tartari
Victrix tuere ab hostibus.

Jesu, tibi sit gloria,
Qui natus es de Virgine,
Cum Patre et almo Spiritu
In sempiterna sæcula.
Amen.

ACCLAMATIONS

Des Pèlerins de la Lorraine-Alsace, destinées à être chantées à l'issue de la Procession aux flambeaux, à Lourdes. (*Imitées de celles de Nantes.*)

1.

Coryphæus. — ACCLAMATIO. — Sanctissimæ et individuæ Trinitati, Patri omnipotenti Virginem Immaculatam ut Filiam eligenti, Christo ut Matrem Mariam diligenti, Spiritui Paraclito ut sponsam donis et divitiis Eam cumulanti: adoratio et laus et gratiarum actio.

Le Coryphée. — ACCLAMATION. — A la Très Sainte et indivisible Trinité, au Père Tout-Puissant, choisissant pour Fille la Vierge Immaculée, à Jésus-Christ aimant Marie comme sa Mère, au Saint-Esprit la comblant, comme son Epouse chérie, de tous les dons, de tous les trésors, adoration, louange et action de grâces !

Chorus. — DEPRECATIO. — Appareas, ô pia Mater, vultui Dei pro nobis; vox

Le Chœur. — SUPPLICATION. — Apparaissez, ô bonne Mère, devant la face

l'abîme; mais ses eaux s'apaisent dans le calme, quand passe l'Arche d'Alliance.

Quand la terre se dessèche sous les feux du soleil, Vous seule êtes baignée de rosée; quand la terre est baignée de rosée, Vous seule n'êtes pas atteinte.

Le serpent lève la tête pour vomir son mortel venin; mais Vous écraserez victorieusement la tête orgueilleuse du dragon.

Bonne Mère, jetez un regard sur ceux qui vous prient avec larmes et confiance, et protégez-nous dans notre lutte contre les ennemis infernaux, Vous qui les avez vaincus.

Gloire à vous, ô Jésus, etc.

tua, vox dulcis sonet in auribus ejus. Per te, omnipotentia supplex, et nostra vota et preces et laudes et corda Domino exultantes offerimus.

adorable de notre Dieu; que votre voix, votre voix si douce, résonne à ses oreilles. C'est par Vous, qui êtes la toute-puissance suppliante, que nous présentons au Très-Haut, dans les transports de notre joie, nos vœux, nos prières, nos louanges, nos cœurs.

Populus. — Fiat, fiat; amen, amen; ô Maria Immaculata !

Le Peuple. — Qu'il en soit ainsi, qu'il en soit ainsi ! amen, amen, ô Marie Immaculée !

2.

Coryphæus. — ACCLAMATIO. — Cordi Jesu sacratissimo, indeficienti charitatis fonti et infinitæ misericordiæ thesauro, benignissimo Redemptori nostro, quem advocatum habemus apud Patrem : laus, honor, gratia et dilectio, nunc et in perpetuum.

Le Coryphée. — ACCLAMATION. — Au Cœur sacré de Jésus, source inépuisable de charité et trésor d'infinie miséricorde, à notre très doux Sauveur, notre avocat auprès du Père céleste, louange, honneur, reconnaissance et amour, maintenant et à jamais.

Chorus. — DEPRECATIO. — Inclina in nos, ô Maria, ô Immaculata, Cor dilecti Filii tui, et nobiscum precare Jesum ut Ecclesia catholica perfecta unitate plenaque libertate gaudeat, ut sanctissimo Papæ nostro Leoni, Pastorum Pastori, inter procellas et anxietates, virtus ex alto, auxilium de sancto et de Spiritu Dei detur consolatio.

Le Chœur. — SUPPLICATION. — Rendez-nous favorable, ô Marie, ô Vierge Immaculée, le Cœur de votre Fils bien-aimé, et avec nous demandez à Jésus que l'Eglise catholique goûte les bienfaits d'une parfaite unité et d'une entière liberté, que notre Très Saint-Père le Pape, Léon XIII, Pasteur des pasteurs, reçoive, au milieu des tourments et des angoisses, la force d'en haut, le secours du ciel et la plénitude de consolation que donne l'Esprit de Dieu.

Populus. — Fiat, fiat;

Le Peuple. — Qu'il en

amen, amen ; ô Maria Immaculata !

soit ainsi, qu'il en soit ainsi ! amen, amen ; ô Marie Immaculée !

3.

Coryphæus. — ACCLAMATIO. — Gloriosissimæ et beatissimæ Virgini, Dei Genitrici, Mariæ, in Conceptione sua immaculatæ, quæ totius Galliæ patrona, mater et Regina jampridem est appellata, et nostram adhuc miserans patriam, Pyrœneis in montibus, sese puellæ deprecanti manifestavit, omnium devotio, fiducia et filialis dilectio.

Le Coryphée. — ACCLAMATION. — A la glorieuse et bienheureuse Vierge, Mère de Dieu, à Marie, Immaculée dans sa Conception, à Celle que l'on proclame depuis si longtemps la patronne, la Mère et la Reine de la France et qui, de nos jours encore, prenant en pitié notre patrie, a voulu se manifester sur les monts Pyrénéens à Bernadette en prière : la dévotion, la confiance et l'amour filial de tous les cœurs.

Chorus. — DEPRECATIO. — O Immaculata, ô patrona, Galliam protege, Lotharingiam fidelem serva, dilectissimum in Christo Patrem Deodatensem Episcopum (reverendosque Præsules nostros absentes), singulari benevolentia prosequere et benedictionibus cœli desuper irriga.

Le Chœur. — SUPPLICATION. — O Vierge Immaculée, ô notre Patronne, protégez la France, gardez fidèle notre Lorraine et que notre bien-aimé Père en Jésus-Christ, l'Evêque de Saint-Dié, soit entouré toujours, (ainsi que les vénérables Prélats absents), de votre bienveillance maternelle et inondé de toutes les bénédictions du ciel.

Populus. — Fiat, fiat ! amen, amen ; ô Maria Immaculata.

Le Peuple. — Qu'il en soit ainsi, qu'il en soit ainsi ! amen, amen ; ô Marie Immaculée.

4.

Coryphæus. — ACCLAMATIO. — Virgini potentissimæ, auxilio christianorum indeficienti, infirmorum saluti, peccatorum

Le Coryphée. — ACCLAMATION. — A la Vierge très puissante, secours constant des chrétiens, santé des infirmes, refuge des

refugio, preces et vota supplices offeramus.

pécheurs, offrons humblement nos supplications et nos vœux.

Chorus. — DEPRECATIO. — O Mater, ô Immaculata, ô Regina sacratissimi Rosarii, larga firmaque benedictione benedicere digneris omnes et singulos tuos fideles, peregrinos eorumque parentes, amicos et benefactores; ægris sanitatem, mœstis redde lætitiam, peccatoribus obtine divinam gratiam et vitam; dilectos quoque Lotharingorum filios militiâ vel in mari laborantes protege et Deum deprecare, quæsumus, ut omnes fideles defuncti pacem habeant ac requiem sempiternam.

Le Chœur. — SUPPLICATION. — O Mère, ô Vierge Immaculée, ô Reine du très saint Rosaire, daignez bénir d'une large et ferme bénédiction tous et chacun de vos fidèles pèlerins, leurs parents, leurs amis et leurs bienfaiteurs; aux malades rendez la santé, aux affligés la joie du cœur, aux pécheurs obtenez la grâce et la vie divine; protégez aussi les fils bien-aimés de notre Lorraine qui vivent à cette heure dans les camps ou sur les flots incertains de l'Océan, et suppliez le Seigneur qu'il accorde à tous les fidèles défunts la paix et le repos éternel.

Populus. — Fiat, fiat ! amen, amen; ô Maria Immaculata !

Le Peuple. — Qu'il en soit ainsi, qu'il en soit ainsi ! amen, amen; ô Marie Immaculée !

ACCLAMATIONS

A faire sur le passage du Très Saint Sacrement.

Jésus, Fils de David ! ayez pitié de nous. (Luc. XVIII, 38.)
Ayez pitié de nous, ô Jésus ! ayez pitié de nous ! Comme les aveugles de Jéricho, nous crierons plus fort : Jésus, Fils de David ! ayez pitié de nous ! (Math., VIII, 25.)
Sauvez-nous, Jésus ! nous périssons ! (Math., VIII, 25.)
O Jésus ! qui avez dit : « Ce ne sont pas les bien portants qui ont besoin de moi, mais les malades; » soyez notre divin Médecin et guérissez-nous ! (Math., IX, 12.)
Hosanna ! Hosanna ! au Fils de David ! béni soit celui qui vient au nom du Seigneur ! (Math., XXI, 9.)

Vous êtes le Christ, Fils du Dieu vivant ! (Math., XVVI, 16.)
Vous êtes la Résurrection et la Vie ! (Joan., XI, 25.)
Vous êtes mon Seigneur et mon Dieu ! (Joan., XX, 28.)
Seigneur, nous croyons, mais augmentez notre foi ! (Marc., IX, 23.)

Vous êtes le seul Seigneur ! le seul Très-Haut, ô Jésus-Christ ! *Agneau de Dieu, Jésus notre Seigneur, ayez pitié de nous,* Vous que Dieu n'a pas envoyé pour juger le monde, mais pour le sauver ! (Joan., III, 17.)

Nous vous louons, Seigneur ! — Nous vous adorons ! — Nous vous bénissons ! — Nous vous glorifions !

O Jésus ! qui avez dit : « Demandez et l'on vous donnera, » *écoutez-nous ! exaucez-nous ! ayez pitié de nous ! ayez pitié de nous* (Math., VII, 7.)

Nous sommes indignes de vos bienfaits, Seigneur ! oui, nous confessons notre misère ; mais détournez vos regards de nos iniquités ; ne nous punissez pas selon la grandeur de nos péchés, mais traitez-nous selon la multitude de vos miséricordes, et dites-nous : « Qu'il soit fait comme vous le désirez. » (Math., XV, 26.)

O Dieu ! venez à notre aide ! Hâtez-vous de nous secourir ! (Ps., LXIX, 2.)

O Jésus ! qui avez dit : « Tout ce que vous demanderez en mon nom, vous l'obtiendrez, » exaucez-nous ! (Joan., XIV, 13.)

O Jésus, toute-puissance vous a été donnée, tout vous est possible ! Nous croyons, oui, nous croyons que vous pouvez faire ce que nous vous demandons ! Etendez votre main et dites : « Je le veux, soyez guéri. » Math., VIII, 3)

Seigneur ! si vous le voulez, vous pouvez me guérir. (Math. VIII, 2)

O Jésus ! guérissez nos malades, pour que nous vous rendions gloire et qu'à la vue de vos merveilles les foules s'écrient : « Non, jamais on n'a vu rien de semblable dans l'Eglise ! » (Math., XV, 31.)

Seigneur ! dites seulement une parole et je serai guéri. (Math. VIII, 8.)

O Jésus ! « qui avez pleuré sur le tombeau de Lazare, voyez nos pleurs ! » (Joan. XI, 35.)

O Vous qui disiez : « J'ai compassion de ce peuple, parce qu'il y a trois jours qu'il ne me quitte pas, » il y a trois jours que nous sommes ici à votre suite, nous vous en prions, ayez compassion de nous ! (Mat. XV, 32.)

Seigneur ! celui que vous aimez est malade ! (Joan. XI, 3).

O Jésus ! « qui avez guéri tous les malades qu'on vous présentait, » guérissez nos malades. (Math. IV, 2).

O Jésus! « qui parcouriez la Galilée en guérissant toutes les maladies et les infirmités, » parcourez les rangs de ces pauvres infirmes et guérissez-les ! (Math. IV, 23.)

INVOCATIONS POUR MALADIES SPÉCIALES

POUR UN AVEUGLE :

Bon Maître, faites que je voie. (Luc, XVIII, 41.)
O Jésus! dites-nous comme aux aveugles de l'Évangile : « Qu'il soit fait selon votre foi! » (Math. IX, 29.)

POUR UN PARALYTIQUE :

O Jésus ! dites-moi comme au paralytique : « *Emporte ton lit et va-t-en chez toi.* » (Math., IX, 6.)

POUR UN ESTROPIÉ :

Vous qui avez guéri un homme à la main desséchée, *Fils de David, ayez pitié de nous!* (Math., XII, 10.)

POUR UN MUET :

Vous qui avez guéri un possédé aveugle et muet, *Fils de David, ayez pitié de nous!* (Math., XII, 22.)

POUR UN SOURD :

Vous qui faisiez entendre les sourds et parler les muets, *Seigneur, guérissez-moi.* (Marc, VII, 37.)

QUATRIÈME PARTIE

COURTES NOTICES SUR LES SANCTUAIRES VISITÉS PAR LES PÈLERINS

Il a été dit de la France *qu'elle est, après le Ciel, le plus beau royaume du monde.* Nous allons traverser, dans toute sa longueur et dans toute sa largeur, ce beau pays dont Dieu nous a fait la grâce d'être les enfants. Ses plaines et ses montagnes, ses prairies et ses vignobles, ses villes et ses champs, ses fleuves et ses routes passeront les uns après les autres sous nos yeux émerveillés; mais ce que nous aurons à y admirer surtout, c'est ce qui lui a valu le titre de *Royaume de Marie : Regnum Galliæ, regnum Mariæ;* ce sont les manifestations de sa puissance et les preuves de sa bonté que la Reine du Ciel y a semées à chaque pas.

I. La Basilique du Vœu National à Montmartre.

I. *Origine du Vœu National.* — Il y a vingt ans, au plus fort de nos malheurs publics, quelques pieux Français eurent la pensée d'intéresser le Ciel par *un vœu* au salut de la patrie. Depuis lors, aux calamités de la guerre étrangère s'étaient ajoutées les horreurs de la guerre civile. Quand S. E. le cardinal Guibert vint occuper le siège de Paris, la paix était rendue au pays, mais les traces sanglantes de nos malheurs restaient partout visibles, et la capitale surtout offrait un spectacle de désolation. Le nouvel archevêque reçut la visite des auteurs du vœu, qui venaient lui demander de le confirmer et de l'accomplir, en élevant dans Paris, avec le concours de la France chrétienne, un temple au Dieu qui est l'inspirateur de la charité et de la concorde.

Le vœu était ainsi formulé :

« En présence des malheurs qui désolent la France, et
« des malheurs plus grands qui l'attendent encore; en
« présence des attentats sacrilèges commis à Rome con-
« tre les droits de l'Eglise et du Saint-Siège et contre la
« personne sacrée du Vicaire de Jésus-Christ, nous nous
« humilions devant Dieu, et réunissant dans notre amour
« l'Eglise et la patrie, nous reconnaissons que nous avons
« été coupables et justement châtiés; et pour faire amende
« honorable de nos péchés et obtenir de l'infinie miséri-
« corde du Sacré-Cœur de Notre-Seigneur Jésus-Christ le
« pardon de nos fautes, ainsi que les secours extraordi-
« naires qui seuls peuvent délivrer le Souverain Pontife
« de sa captivité et faire cesser les malheurs de la France,
« *nous promettons de contribuer, selon nos moyens, à*
« *l'érection à Paris d'un sanctuaire dédié* au **Sacré-Cœur**
« **de Jésus.** »

Une loi votée le 24 juillet 1873 par 382 députés de l'Assemblée nationale contre 138, déclara « d'utilité publique
« la construction d'une église sur la colline de Montmar-
« tre, conformément à la demande qui en avait été faite
« par l'Archevêque de Paris. »

Ainsi est née l'œuvre de Montmartre : d'une pensée
chrétienne, patriotique, étrangère à toute espèce de parti,
uniquement inspirée par le désir de revoir notre France
grande et prospère. C'est ainsi que le pays l'a comprise
et la comprend encore. La Basilique du Sacré-Cœur est
une œuvre de pénitence et de dévouement; c'est une
amende honorable et l'*ex-voto* de l'espérance : **Sacratis-**
simo Cordi Jesu Gallia pœnitens et devota.

II. *Montmartre.* — La colline de Montmartre, — *mont*
des martyrs, — est ainsi appelée parce que c'est sur ses
pentes que furent martyrisés les premiers apôtres de Paris : saint Denis avec ses compagnons, saint Rustique et
saint Eleuthère. Les fidèles élevèrent sur les lieux arrosés
par le sang des martyrs une crypte et plus tard une chapelle, qui devinrent le but d'un pèlerinage très fréquenté.

On sait que c'est dans cette crypte que saint Ignace de Loyola et ses compagnons jetèrent les premiers fondements de la Compagnie de Jésus. Vers 1096, un prieuré de l'Ordre de Clugny y fut établi par les religieux de Saint-Martin-des-Champs. En 1133, Louis VI y fonda une abbaye de Bénédictines. En 1622, cette communauté fut partagée en deux maisons : le monastère d'En-Haut et le monastère d'En-Bas ou des Martyrs. L'abbaye fut supprimée en 1700 et détruite en 1703. En 1871, les généraux Lecomte et Thomas furent fusillés au sommet de la Butte, rue des Rosiers, où s'était établi le Comité central de la garde nationale de la Commune.

La butte de Montmartre, qui est d'ailleurs le point le plus élevé de Paris (104 mètres au-dessus de la Seine), doit à tous ces souvenirs de son histoire d'avoir été choisie pour l'emplacement de la *Basilique du Vœu national.*

III. *La Basilique.* — Le monument fut mis au concours : 78 concurrents se présentèrent ; ce fut l'architecture byzantine qui l'emporta. Ce style, moins coûteux que le gothique, produit à grandes distances et à proportions égales, un effet plus imposant et plus majestueux.

La première pierre fut posée le 16 juin 1875, deux centième anniversaire de l'apparition de Notre-Seigneur à la bienheureuse Marguerite-Marie.

Bientôt une chapelle provisoire en l'honneur du Sacré-Cœur fut construite ; elle est depuis 15 ans le foyer où les âmes chrétiennes sont venues, de tous les points de la France et du monde, réchauffer leur ardeur ; sans attendre qu'elle fût achevée, le chantier du vœu était en pleine activité.

En attendant que la Basilique dresse ses splendides coupoles, nous pouvons voir déjà ses voûtes grandioses, ses chapelles, ses piliers tout chargés de souvenirs et formant eux-mêmes autant d'*ex-voto* de la reconnaissance, car chacune des pierres de l'édifice porte un nom ; il n'est presque pas de famille, en France, ou de ville, ou de profession, ou de corporation, ou d'association pieuse qui n'y ait gravé le sien (1). Une foule de piliers ont reçu les noms les plus gracieux : le pilier des *malades*, le pilier de la *plume*, le pilier de la *musique* et de la *poésie*, le pilier du *fuseau*, ceux du *froment*, de la *vigne*, de la *reconnaissance*, des *lauréats*, des *orphelins*, des *veuves*, des *pieuses mères*, de la *première communion*. A leur tour, dans la crypte comme dans la Basilique, les chapelles sont dédiées aux saints et aux saintes les plus populaires. De sorte que toutes les professions, tous les états de vie, tous les intérêts seront représentés devant le Sacré-Cœur par leur chapelle ou leur pilier.

A côté de ce mouvement d'aumônes particulières, il y a celui des pèlerinages collectifs, qui viennent de Paris et de la province.

La Basilique a été bénite et solennellement consacrée au culte le 5 juin 1891.

IV. *Associations.* — Ces milliers de pèlerins trouvent à s'enrôler dans une foule d'associations dont la Basilique naissante est déjà le centre : l'*Archiconfrérie du vœu national* pour le salut de la France avec les deux degrés qui la perfectionnent, la *Sainte Ligue* et l'*Association de Jésus pénitent pour nous*; l'*Apostolat de la Prière*; la *Confrérie de la Sainte Agonie*; la *Garde d'honneur*, canoniquement agrégée à celle de Bourg; l'*Archiconfrérie réparatrice des blasphèmes et des profanations du dimanche*; l'*Union de la Sainte Famille*; l'*Archiconfrérie de Saint Jean l'Évangéliste* et l'*Œuvre de la Consécration des Enfants*.

Dès maintenant la Basilique est le centre d'un mouvement religieux extraordinaire. Dans un seul trimestre on a donné 70.000 communions; il a été dit 3.344 messes par des prêtres étrangers; les recommandations ont dépassé le chiffre de 800.000, et dans le nombre il y a eu plus de

---

(1) Nos diocèses ont chacun leur pilier. De plus, le pèlerinage lorrain a offert à chacune de ses visites une ou plusieurs pierres de 300 francs.

22.000 actions de grâces; on a compté 250 pèlerinages proprement dits, et distribué 105.373 cartes d'entrée pour la visite des travaux; et cela en trois mois !

II. Notre-Dame-des-Victoires.

Il n'est pas de catholique qui vienne à Paris sans faire une visite à Notre-Dame-des-Victoires, et à quelque heure qu'on s'y présente, on est sûr de rencontrer une multitude de pèlerins qui s'y succèdent sans interruption. D'où vient donc cette orientation des cœurs vers l'autel de Marie?

Jusqu'en 1836, Notre-Dame-des-Victoires était une église à peu près abandonnée; située au centre du commerce et des affaires, entourée de théâtres et des rendez-vous du plaisir, on aurait dit qu'elle était dans ce quartier un hors-d'œuvre, une inutilité. Le 3 décembre 1836, M. Desgenettes, qui gémissait depuis quatre ans sur la stérilité de son ministère, monte à l'autel, et là, se sent pressé de consacrer sa paroisse au très saint et immaculé Cœur de Marie. La même inspiration se fait entendre pendant son action de grâces, et encore après. Mû par ce mouvement intérieur, il rédige les statuts de la Confrérie du saint Cœur de Marie, et présente son travail à Mgr de Quélen, qui l'approuve. Le 11 décembre, il annonce au prône que, le soir à 7 heures, on célèbrera dans son église un office de dévotion pour demander au Ciel, par l'intercession du très saint Cœur de Marie, la conversion des pécheurs. A 7 heures, près de 500 personnes étaient là. M. Desgenettes monte en chaire, explique sa pensée, indique le but de l'œuvre; et quand il récite aux Litanies ces mots: *Refuge des pécheurs*, la foule inspirée répète par trois fois spontanément : *Refuge des pécheurs, priez pour nous*. Désormais cette triple invocation sera le chant favori et comme le mot d'ordre des réunions de l'Archiconfrérie de Notre-Dame-des-Victoires. M. Desgenettes fait demander à Dieu par Marie la conversion d'un de ses paroissiens, ancien ministre de

Louis XVI, et le lendemain, cette pauvre âme, jusqu'alors incrédule, revient à Dieu pour ne plus l'abandonner.

L'affluence augmente les dimanches suivants; on accourt de tous les points de Paris et bientôt de toute la France.

Le Saint-Siège érige l'œuvre en Archiconfrérie; et le 9 juillet 1853, Mgr Pacca dépose sur le front de Notre-Dame-des-Victoires la couronne d'or que le saint Pontife Pie IX et le Chapitre de Saint-Pierre s'honoraient de lui décerner.

Il faudrait des volumes pour dire la prodigieuse extension de l'Archiconfrérie, le nombre de ses affiliations dans les deux mondes, les grâces temporelles et spirituelles qui y sont chaque jour obtenues. Notre-Dame-des-Victoires a converti, protégé, consolé des millions d'âmes et ne cesse de peupler le ciel.

L'autel de l'Archiconfrérie est miraculeux; les murs de l'église sont couverts d'ex-voto de reconnaissance.

Si l'on n'est déjà membre de l'Archiconfrérie, il importe de profiter du pèlerinage pour lui donner son nom.

III. Les Insignes Reliques de la Passion à N.-D. de Paris.

La cathédrale de Paris, un des plus beaux et des plus anciens monuments gothiques, fut commencée en 1163 par l'évêque Maurice de Sully et terminée dans les premières années du XIVe siècle. Elle est en forme de croix latine et mesure 127 mètres de long sur 48 de large et 34 de haut. Les deux tours ont chacune 68 mètres. Mais ce qui lui mérite surtout la visite des pèlerins, c'est le trésor des insignes reliques de la Passion dont elle est enrichie : un morceau considérable de la vraie Croix; la sainte Couronne d'épines; le saint Clou.

1o *La vraie Croix.* — Le vendredi 28 juillet 1109, Galon, évêque de Paris, reçut d'Anseau, chantre et prêtre du

Saint-Sépulcre de Jérusalem, un morceau considérable de la vraie Croix, qui fut d'abord déposé dans l'église de Saint-Cloud. Le dimanche suivant, c'est-à-dire le premier dimanche d'août, l'évêque de Paris, accompagné de son clergé, vint chercher la sainte relique et la transporta solennellement à Notre-Dame, où elle est encore aujourd'hui.

2° *La sainte Couronne d'épines*. — Déposée par l'empereur Baudoin II de Constantinople entre les mains des Vénitiens, elle fut remise par ceux-ci à saint Louis, roi de France, en 1238. Elle se compose d'un anneau de petits joncs réunis en faisceaux pour recevoir les branches d'épines. ˌ

3° *Le saint Clou*. — Le Clou de Notre-Dame, de 90 ᵐ/ₘ de longueur, n'a pas de tête; sa pointe est intacte, la forme en est grossière. Charlemagne le reçut de l'empereur de Constantinople, Constantin V, avec plusieurs autres saintes reliques. Charles-le-Chauve le transféra de l'église d'Aix à Saint-Denis, et il fut remis en 1827 à l'archevêché de Paris.

IV. Chartres.

De tous les sanctuaires visités par les pèlerins, il n'en est pas de plus vénérable que celui de N.-D. de Chartres; le pèlerinage à ce sanctuaire est d'un ordre à part; « car il est par excellence, écrit M. l'abbé Farrot, secrétaire de l'Evêché, le pèlerinage d'un passé plein de gloire, d'un présent plein de consolation et d'un avenir plein d'espérance. » On y vénère deux statues de la Vierge, très célèbres l'une et l'autre : Notre-Dame Sous-Terre et Notre-Dame du Pilier; on y vénère de plus l'insigne relique du Voile de la Sainte Vierge.

1° *Notre-Dame Sous-Terre*. — Au lieu même où les fidèles la vénèrent sous une forme rajeunie, les Druides rendaient à la Vierge un culte public plusieurs siècles avant sa naissance.

La croyance de tous les peuples anciens à une *Vierge qui devait enfanter,* est un fait également admis et prouvé par les auteurs païens et chrétiens. Virgile confirme cette tradition quand, mettant sur les lèvres de la sibylle de Cumes, une parole qui n'est que l'écho de celle d'Isaïe : « Voici qu'une Vierge enfantera un fils dont le nom sera Emmanuel, » il s'écrie :

> *Jam nova progenies cœlo dimittitur alto;*
> *Ille Deûm vitam accipiet.....*

« Déjà du haut des Cieux descend un nouveau rejeton, dont la vie sera celle des Dieux eux-mêmes... » (IV° *Eglogue.*)

Les Druides, investis, comme on sait, de la puissance religieuse, militaire et civile, étaient aussi, chez les Gaulois et les Celtes, des savants renommés. Gardiens des traditions primitives, ils avaient apporté d'Orient le souvenir de la prophétie d'Isaïe, et sur plusieurs points, où ils eurent leurs principaux colléges, ils établirent un culte à la Vierge qui devait enfanter : *Virgini pariturœ.*

César nous apprend dans ses *Commentaires* (VI, 12), que le pays des Carnutes (Chartres) possédait leur principal établissement. Enfin, la tradition locale rapporte qu'au lieu où se dresse aujourd'hui dans sa majesté l'église de Notre-Dame de Chartres, était un bois sacré. Elle ajoute que, dans une grotte, les Druides et leurs fidèles adressaient des hommages à la *Vierge qui devait venir.*

Quand elle fut venue, quand Savinien, Ponentien et Albinus, premiers apôtres de la contrée, y apportèrent la connaissance de Jésus-Christ et de sa Mère, ils trouvèrent là plus qu'ailleurs un peuple docile à recevoir leurs enseignements. Les Carnutes admirent sans peine la croyance à celle qu'ils honoraient, qu'ils adoraient peut-être ; la grotte mystérieuse devint la première chapelle à la Mère du Messie.

Ce premier sanctuaire eut la gloire, dès l'aurore du

christianisme, d'être arrosé par le sang des martyrs qui avaient cru à Jésus-Christ. Parmi les victimes, le proconsul n'hésita pas à immoler sa propre fille, sainte Modeste. Les ossements des saints, jetés pêle-mêle dans un puits profond, « le puits des Saints-Forts, » furent comme les pierres fondamentales de ce chef-d'œuvre qui est N.-D. de Chartres.

A Chartres donc, le culte envers Marie ne fut que transformé, ou, si on le préfère, déterminé par la prédication de l'Evangile.

Il n'en fut jamais déplacé. A aucune époque on ne songea, tant était grand le respect qui l'environnait, à transporter l'image de Marie, « par cette raison qu'on ne déplace pas une source, » ainsi que le disait le cardinal Pie.

Nous nous trompons, hélas! La statue fut un jour déplacée par la main... d'un prêtre apostat. Le 13 Février 1791, Mgr de Lubersac, évêque de Chartres, fut déclaré déchu de son siège, et Nicolas Bonnet, curé de Saint-Michel, devint, par la grâce des électeurs, évêque d'Eure-et-Loir. La Vierge noire, Notre-Dame du Pilier, avait été soustraite aux criminelles audaces qui s'essayaient déjà ; Nicolas Bonnet crut bien faire en transportant de sa grotte jusqu'au pilier de l'église supérieure, la statue vingt fois séculaire, et, en 1793, les forcenés de la grande Révolution la brûlèrent devant le portail de l'église. En 1856, Mgr Renault remplaça la Vierge druidique par une statue de chêne, en tout semblable à la première, et la transporta à la crypte, récemment restaurée, au milieu d'une nombreuse assemblée d'évêques, de prêtres et de fidèles. (*D'après le R. P. Drochon.*)

2° *Notre-Dame du Pilier* ou *la Vierge Noire*. — C'est une madone assise, tenant de sa main droite une poire, et de sa gauche soutenant l'Enfant-Jésus sur ses genoux. Son visage noir brun l'a fait appeler *Vierge Noire*. Elle fut posée au commencement du XVI° siècle sur l'une des colonnes du jubé. Les rois et les princes suspendaient au pilier qui lui faisait face les témoignages de leur reconnaissance. La ville de Chartres faisait brûler devant elle, durant toute l'année, un long cierge qu'on appelait la *Tour de cire* ou la *Tour de ville*, parce qu'il égalait, croyait-on, l'enceinte muraillée de la ville.

Reléguée pendant la Révolution dans un coin de la crypte, elle fut relevée sur sa colonne en 1806, par M. Maillard, curé de la cathédrale, et entourée, en 1831, d'une boiserie découpée en ogive. Des cierges allumés par les fidèles brûlent continuellement devant elle, et d'innombrables cœurs en or, partout suspendus, symbolisent la gratitude de ceux auxquels elle a accordé des grâces.

C'est une coutume chère aux Chartrains de baiser le pilier sur lequel elle est assise. Aux grandes fêtes de Marie, par exemple à la Nativité, les habitants des campagnes, les mères surtout, accourent à ses pieds, lui apportant leurs petits enfants. Tous les jours, de 7 heures du matin à 7 heures du soir, les prêtres de l'*Œuvre des Clercs* se relayent pour y monter une sainte garde, en attendant les recommandations des fidèles.

3º *La Tunique de la B. Vierge Marie.* — Le troisième objet du pèlerinage, c'est la *Tunique de la B. V. Marie.* — Ce vêtement en soie écrue fut envoyé par l'impératrice Irène à Charlemagne, dans une étoffe brodée qui se voit encore, puis donné en 876 par Charles le Chauve à l'église de Chartres comme *au centre du culte de vénération et d'amour rendu à Marie dans tout l'Occident.* Il est, avec la statue druidique, « le double germe d'où la Basilique entière est éclose. »

A peine la sainte Tunique est-elle dans les murs de Chartres qu'elle apparaît comme la tutelle des habitants. Arborée par l'évêque Gantelme sur les remparts en guise d'étendard, elle met en fuite Rollon et les Normands, qui, se sentant battus par elle, se font baptiser, et se font du même coup chrétiens et Français. Tout dévot pèlerin,

qu'il soit roi, prince ou homme du peuple, doit passer
sous cette sainte relique et emporter son image bénite,
appelée *chemisette*. Les chevaliers s'en arment comme
d'une cuirasse impénétrable, et les lois du duel défen-
dent à une partie de s'en revêtir sans prévenir l'autre,
parce qu'alors la lutte ne serait pas égale. En un mot,
elle opéra tant de miracles, que les fidèles rivalisèrent
de reconnaissance envers elle, couvrirent la sainte châsse
d'objets précieux. Malheureusement tous ces trésors dis-
parurent à la Révolution. Toutefois, en 1793, les révolu-
tionnaires n'osant toucher à la sainte Tunique elle-même,
appelèrent deux prêtres pour la retirer de la sainte châsse.
Elle a opéré depuis ce temps grand nombre de miracles
encore; Chartres lui doit tout particulièrement la cessa-
tion du choléra en 1892.

En 1194, un incendie consuma une bonne partie de la
ville et la cathédrale : c'était un désastre épouvantable.
Mais les Chartrains restèrent insensibles à leur propre
ruine et ne pensaient qu'à la sainte relique. Leur joie fut
grande lorsque, après trois jours d'attente, ils revirent,
préservés miraculeusement, et le saint Voile et les braves
qui s'étaient jetés dans le brasier pour le sauver! L'enthousiasme fut alors au comble. On se remit au travail
avec un élan inouï et, en quelques années, l'on rebâtit
cette superbe cathédrale qui nous émerveille encore, et
qui n'est, en vérité, qu'un immense reliquaire du précieux
vêtement de la Vierge Marie.

La Cathédrale. — Elle produit sur tous ceux qui y en-
trent pour la première fois un très grand effet. Seize mille
hommes pourraient y trouver place. Elle a 130 mètres de
longueur, et, dans le transept, 63 mètres de largeur. Les
voûtes ont 37 mètres de hauteur et reposent sur 52 piliers
isolés d'une grande puissance. On admire ses 40 groupes
historiés et ses 147 verrières.

L'extérieur de l'édifice répond à l'intérieur. « La grande
nef et les transepts sont terminés par trois portails à trois

baies, remplies de grandes statues sur les côtés et de petites dans les voussures, et redisant comme autant de chants d'un poëme immense les gloires *de Jésus-Christ et de la Vierge Marie.*

Ses immenses clochers, l'un de 106, l'autre de 116 mètres, dominent toute la contrée à 15 lieues à la ronde.

Les Miracles de Notre-Dame de Chartres sont célèbres. Les malades sont guéris et les enfants morts-nés ressuscitent à ses pieds. Elle est le Palladium de la France, qu'elle sauve de la domination anglaise en 1363 et qu'elle arrache au protestantisme en 1568. Son pèlerinage est un des plus fréquentés du monde entier. Les rois de France et d'Espagne, plusieurs papes, tous les saints personnages de notre pays sont venus lui offrir leurs hommages et se recommander à sa protection.

Depuis 40 ans surtout, le courant qui entraînait les chrétiens aux pieds de la Vierge druidique, a repris avec une intensité digne des âges de foi. Notre génération a vu, en 1855, les fêtes incomparables du couronnement de *Notre-Dame du Pilier* au nom de Pie IX ; en 1887, celles de la restauration du culte dans la crypte et du rétablissement de N.-D. de Sous-Terre sur son trône 18 fois séculaire ; en 1860, celles du 6e centenaire de la Dédicace de la Cathédrale ; en 1873, celles du grand pèlerinage national qui attira plus de 50.000 pèlerins ; en 1876, celles du millénaire de la donation du voile de la Sainte Vierge par Charles-le-Chauve.

V. Lourdes.

I. LA VILLE. — Lourdes, ville d'environ 6,000 âmes, située sur le bord du Gave, appartient au diocèse de Tarbes (Hautes-Pyrénées) ; c'est un chef-lieu de canton de l'arrondissement d'Argelès.

La distance de Saint-Dié à Lourdes par les voies d'Agen ou de Bordeaux est d'environ 1,220 kilomètres ; elle n'est que 1,100 par celle de Toulouse et Paray-le-Monial.

A l'extrémité de la ville, connue aujourd'hui du monde entier, se trouve la Grotte *Massabielle*, qui fut en 1858 le théâtre des Apparitions de la Très Sainte Vierge; *Massabielle*, expression commune à plusieurs dialectes méridionaux, signifie : roches vieilles.

A l'ouest de la ville, se voit le château fort qui défendait autrefois l'entrée de la France par les Pyrénées; encore habité, il y a quelques années, par un détachement d'artillerie de Tarbes, il n'est plus aujourd'hui qu'un musée.

La Basilique de l'Immaculée-Conception, élevée sur le rocher des Apparitions, est desservie, ainsi que la Grotte, par les prêtres de l'Immaculée-Conception; le *Journal* et les *Annales de Lourdes* sont les organes officiels de l'Œuvre.

Bernadette Soubiroux, la pieuse et docile messagère de Marie, était née à Lourdes en 1844; elle est morte à Nevers, religieuse du nom de sœur Marie-Bernard, en 1879.

II. LES APPARITIONS. — Les Apparitions de la Très Sainte Vierge à Lourdes, apparitions dont le beau livre de M. Lasserre a popularisé tous les détails, furent au nombre de dix-huit; en voici pour mémoire la brève énumération.

1re. — *Jeudi 11 février*. Le jeudi après la Sexagésime, à l'heure de midi, Bernadette aperçut pour la première fois la céleste vision de la Grotte Massabielle. Aucune parole ne fut prononcée, et l'enfant s'éloigna sans avoir compris tout ce mystère.

2me. — *Dimanche 14 février*. Le dimanche de la Quinquagésime, la jeune voyante obtint de sa mère la permission de retourner à la roche privilégiée. Nouvelle apparition devant laquelle l'enfant récita le chapelet : la divine Vierge voulut bien bénir sa prière.

3me-15me. — *Du jeudi 18 février au jeudi 4 mars*. Le jeudi 18 février, lendemain des Cendres, l'enfant retournant à la Grotte, contemple de nouveau l'Apparition, qui l'invite à venir pendant quinze jours. C'est la célèbre quinzaine d'apparitions quotidiennes, sauf deux jours : le lundi de la première semaine de carême (22 février) et le vendredi suivant (26 février, quatre-temps), où la Vierge sainte n'apparut pas. Dans le cours de ces treize apparitions, les desseins particuliers du Ciel furent manifestés, et la source Massabielle jaillit pour ne plus tarir.

16ᵐᵉ. — *Jeudi 25 mars.* Dans la seizième apparition, celle du 25 mars (jeudi avant les Rameaux, fête de l'Annonciation), la Très Sainte Vierge, répondant à l'humble et confiante question de Bernadette, voulut bien lui répondre : « **Je suis l'Immaculée-Conception.** »

17ᵐᵉ. — *Lundi 5 avril.* Le lundi de Pâques (5 avril), eut lieu le miracle du cierge, dont la flamme put traverser les doigts de Bernadette, sans lui causer aucune douleur, alors que, tombée en extase, l'enfant contemplait la Vierge sainte qu'elle ne devait plus revoir qu'une fois de ses yeux terrestres.

18ᵐᵉ. — *Vendredi 16 juillet.* En la fête de Notre-Dame du Mont-Carmel (16 juillet), la Vierge de Lourdes, dont Bernadette n'avait pas entendu, depuis quelque temps, le mystérieux appel, la favorisa d'un dernier entretien, suivi d'un suprême adieu.

III. LE JUGEMENT DOCTRINAL. — Bien des miracles accompagnèrent et suivirent les Apparitions de Lourdes. L'autorité ecclésiastique ne pouvait garder le silence, et c'est à l'évêque de Tarbes qu'il appartenait d'abord de porter sur cette grave question un jugement doctrinal.

Quand il s'agit de la canonisation d'un Saint, l'examen de la cause et les éléments du procès sont réservés au Pape. Mais quand la Reine des Cieux daigne manifester ici-bas sa puissance, il n'y a pas d'abord obligation de relever, pour les soumettre à Rome, les faits et prodiges qu'Elle opère; les évêques constatent eux-mêmes soit les apparitions de la Sainte Vierge, soit les guérisons miraculeuses qui arrivent par son intercession. Dès qu'ils ont prononcé leur jugement, si le Souverain Pontife n'y contredit pas et que le concours du peuple chrétien s'établisse, l'Église voit dans l'assentiment général une pieuse croyance, qu'elle enrichit volontiers de faveurs spirituelles.

Ainsi en a-t-il été de Lourdes.

Après une longue et minutieuse enquête, Mgr Laurence, alors évêque de Tarbes, adressa aux fidèles de son diocèse un mandement daté du 18 janvier 1862, où il déclare ce qui suit :

« Nous jugeons que l'Immaculée Marie, Mère de Dieu,
« a réellement apparu à Bernadette Soubiroux, le 11 fé-
« vrier 1858 et jours suivants, au nombre de 18 fois, dans
« la Grotte Massabielle, près de la ville de Lourdes...

« Nous soumettons humblement notre jugement au ju-
« gement du Souverain Pontife... »

Puis, le prudent et docte prélat ajoute :

« L'évènement dont nous vous entretenons est depuis
« quatre années l'objet de notre sollicitude ; nous l'avons
« suivi dans ses phases différentes... Nous avons aussi
« invoqué l'autorité de la science, et nous sommes de-
« meuré convaincu que l'Apparition est surnaturelle et
« divine... »

On sait le reste. Aujourd'hui toutes les pierres des chemins élèveraient au besoin la voix pour souscrire à cette décision et s'écrier : *A Domino factum est istud.* Mais il y a plus. Le 11 juillet 1890, la S. Congrégation des Rites a concédé une messe et un office en l'honneur de l'Immaculée-Conception, sous le titre de l'Apparition de Notre-Dame de Lourdes. Cette décision a été solennellement confirmée le 23 juillet suivant par S. S. Léon XIII, ce qui équivaut à la reconnaissance et à l'approbation expresses, par la suprême autorité du Saint-Siège, du fait miraculeux de l'Apparition.

IV. LIEUX A VISITER. — On pourra visiter à Lourdes :
1° rue de la Grotte, le *Diorama* qui représente et la Grotte, telle qu'elle était au moment des Apparitions, et la mort

de Bernadette ; prix d'entrée : 50 cent.; 2° même rue, le
Panorama qui reproduit au naturel l'une des Apparitions
de N.-D. de Lourdes à Bernadette, celle dans laquelle le
cierge que tenait la voyante lui lécha les doigts sans les
brûler; prix d'entrée: 1 fr.; 3° au pied du château, le mou-
lin encore habité par la sœur de Bernadette; 4° la Croix
de Jérusalem érigée sur le sommet des Espélugues; 5° en
descendant de là, les deux grottes creusées par la nature
dans le flanc de la montagne et dans lesquelles le P. Marie-
Antoine a placé, en 1887, les autels de N.-D. des Sept-
Douleurs de Sainte Marie-Madeleine.

VI. Notre-Dame et Calvaire de Bétharram.

I. *Notre-Dame.* — Bétharram, placé à l'extrémité du
diocèse de Bayonne, entre Pau et Lourdes, à 24 kil. de
Pau et 15 de Lourdes, doit son origine à un prodige inouï
depuis Moyse. Des bergers occupés à garder leurs trou-
peaux, aperçurent un jour une flamme extraordinaire
qui sortait d'un buisson situé sur la pente d'un rocher.
C'était à l'endroit même où se dresse aujourd'hui l'autel
principal de la chapelle. Ils se regardèrent étonnés, et
s'approchant pour examiner de plus près cette lumière
éblouissante, ils découvrirent au milieu d'un buisson qui
semblait brûler sans se consumer, une fort belle image
de la Sainte Vierge portant l'Enfant-Jésus dans ses bras.
Placée d'abord par le curé de la paroisse dans une niche
qu'on avait préparée à la hâte, non loin de là, sur l'autre
rive du Gave; déposée ensuite dans l'église de la paroisse, elle fut, chaque fois, miraculeusement reportée
sur le rocher où elle avait été trouvée. Dès lors, on
comprit qu'il fallait laisser la pieuse image à l'endroit
qu'elle s'était choisi, et lui bâtir en ce lieu même une
chapelle.

La Vierge miraculeuse se nommait d'abord, croit-on,
Notre-Dame de l'Etoile ou de l'Estelle, à cause de la lu-

mière dont elle fut environnée, nom que porte encore le village voisin. Le nom de Bétharram lui serait venu plus tard, à la suite d'un miracle dont la tradition a religieusement conservé le souvenir : « Une jeune fille, en cueillant des fleurs, tomba dans le Gave; entraînée par les eaux, elle allait périr, lorsqu'elle invoqua la Madone de l'Estelle, qui lui tendit aussitôt une branche pour l'aider à regagner la rive. » Dans sa reconnaissance, la jeune miraculée offrit à sa libératrice un beau rameau aux feuilles d'or. De là Notre-Dame du Beau-Rameau, ou de Beth-Arram, comme on dit dans l'idiome du pays du Béarn.

La chapelle ayant été détruite par les Huguenots, en 1569, des miracles s'opérèrent sur ses ruines, les pèlerinages s'y succédèrent, et elle fut reconstruite en 1614, telle qu'elle existe aujourd'hui.

Le trésor de la sacristie est à visiter.

II. *Le Calvaire.* — La nouvelle église était à peine reconstruite, que le Ciel voulut l'inaugurer et la consacrer par des prodiges presque quotidiens.

L'archevêque d'Auch, Léonard de Trappes, étant venu la visiter en 1616, fut inspiré de prendre possession de la montagne qui la domine, et il planta, à cette fin, en grande pompe, une énorme croix de bois au sommet. Or, deux mois après, il plut au Seigneur de glorifier ce signe de notre salut par un évènement prodigieux : « Dans le mois de septembre de la même année 1616, cinq villageois de Montaut, bourgade située vis-à-vis, entendent tout à coup comme un bruit de tempête du côté de Bétharram. Ils regardent : ô douleur ! ils voient tomber, sous l'effort d'un vent impétueux, la croix récemment plantée par l'archevêque d'Auch. Mais bientôt le tourbillon cesse. Alors la croix se relève d'elle-même, une éclatante lumière l'environne, et, à son faîte, se dessine une couronne resplendissante.

Le miracle fit grand bruit aussitôt en Béarn. Les Huguenots eux-mêmes n'osèrent le révoquer en doute; il fut constaté juridiquement, cinq ans plus tard, par les délégués de l'évêque.

Ce miracle fut comme le signal de l'édit, rendu neuf mois après par Louis XIII, pour l'entier rétablissement du culte catholique en Béarn. Il fit naître en même temps la pensée d'un Calvaire. La montagne qui en avait été le théâtre fut taillée et façonnée sur le modèle du Golgotha et enrichie d'un Chemin de Croix monumental, le premier et le plus beau de la France en ce genre.

Les prêtres gardiens de la chapelle furent constitués en Société par ordonnance de Mgr de Salettes, en 1620.

Le Calvaire fut reconstruit au commencement du XVIII⁰ siècle sur un plan plus vaste et plus beau. Il fut embelli après 1840 par huit bas-reliefs de A. Lenoir. Tel qu'il est aujourd'hui, il attire l'admiration de tous les connaisseurs en sculpture et arrache des larmes à la plupart des fidèles, même des cœurs les plus endurcis.

Une nouvelle Société, celle des prêtres du Sacré-Cœur de Jésus, fondée en 1841 par le R. P. Goriscoïts, dont la cause de béatification est introduite à Rome, veille à son entretien, ainsi qu'à celui de la chapelle.

VII. Paray-le-Monial.

I. *La Basilique.* — Il y avait autrefois à Paray-le-Monial un prieuré de Bénédictins, fondé en 973; on y voit encore aujourd'hui la belle église romane qui fût bâtie par les moines du XV⁰ siècle. Mais ce qui en fait la gloire et l'attrait, c'est la chapelle de la Visitation, illustrée par les Apparitions du Sacré-Cœur à la B. Marguerite-Marie.

II. *La Chapelle de la Visitation.* — Cette chapelle est restée la même qu'elle était au temps des Apparitions. L'art et la piété l'ont réparée, rajeunie, mais le vaisseau n'a pas été changé, les dimensions non plus; l'autel et la grille étaient là où nous les voyons encore. Une inscription placée au-dessus de la grille, rappelle les grandes choses qui s'y sont accomplies : « En ce saint lieu, N. S. révéla ses richesses et les désirs de son cœur à la B. Marguerite-Marie. »

L'autel primitif a été toutefois remplacé à deux reprises, celui qui existe aujourd'hui, fait pour recevoir la châsse de la Bienheureuse qui y repose pendant l'hiver, est du milieu de ce siècle.

Il y a dans le sanctuaire 15 lampes suspendues, et sur les autels 14 lampes à verre rouge posées sur des trépieds, qui sont allumées nuit et jour, devant Jésus-Hostie; des *ex-voto*, des bannières parmi lesquelles trois sollicitent davantage le regard, celles de l'Alsace . de la Lorraine, et le *fac simile* de l'étendard de Patay

III. *Les Reliques de la Bienheureuse.* — La Bienheureuse fut inhumée dans un caveau sous le chœur; mais en 1763, elle fut retirée de la case où on l'avait mise; le cercueil fut ouvert; les chairs et les vêtements mêlés à la chaux qui les avaient pénétrés furent recueillis avec respect et distribués peu à peu aux fidèles sous le titre de Cendres de la Vénérable Marguerite-Marie Alacoque. Les ossements furent conservés dans une châsse de bois de chêne vitré, qui resta dans le caveau jusqu'à l'expulsion des Sœurs en 1792.

La châsse qui les renferme aujourd'hui a été donnée par la munificence des catholiques belges. Le pèlerin qui contemple cette œuvre admirable attache surtout ses regards sur l'effigie qu'elle supporte. La figure et les mains sont en cire, l'intérieur est en coton, et dans ce coton se trouvent les ossements de la Sainte, cousus, chacun hermétiquement, dans un étui de drap d'or, et disposés exactement comme ils le sont dans le corps humain. Le tout est revêtu d'une robe noire, de la guimpe et du voile.

Les chairs de la Bienheureuse sont consumées, avons-nous dit; les ossements sont desséchés; mais le cerveau est demeuré intact et, placé aujourd'hui dans un reliquaire à part, il reçoit dans le cœur des religieuses les hommages de leur dévotion.

IV. *Le jardin.* — Plusieurs lieux ont été consacrés aussi dans l'enclos du monastère par les apparitions du Sacré-Cœur : le Bosquet de Noisetiers, la Chapelle du fond du jardin, la cour de la sacristie, dite aussi cour des séraphins, et le cabinet des novices. La clôture qui en interdit l'accès fut momentanément levée pendant le mois des grands pèlerinages de 1873, de 1884 et de 1890 ; mais depuis il n'avait pas été possible d'y pénétrer ; cette grande faveur sera d'autant plus appréciée par ceux à qui elle fut de nouveau faite en cette dernière année du centenaire.

V. *Les parloirs du Monastère.* — Ils sont restés les mêmes depuis l'origine de la fondation. C'est là que la B. Marguerite Marie vint en 1681 se présenter comme postulante ; là que lui furent dites au fond du cœur les paroles qui déterminèrent son choix : « C'est ici que je te veux. » Derrière les grilles de ces parloirs aussi, notre Bienheureuse vint maintes fois pour donner de saints conseils.

VI. *Les Reliques du V. P. de la Colombière.* — A l'extrémité de la rue de la Visitation se trouve l'ancienne maison de probation des Pères Jésuites, dans la chapelle de laquelle sont pieusement conservés les restes du Vénérable P. de la Colombière, le directeur donné par Notre-Seigneur à la B. Marguerite-Marie. La chapelle était sous scellés, mais des couronnes accrochées à la muraille montrent la place du tombeau. Beaucoup de grâces sont obtenues par l'intercession du saint Religieux, dont la cause de béatification est introduite à Rome.

VII. *Musée Eucharistique.* — La Maison des Pères Jésuites est devenue un musée célèbre qui est à visiter, le *Musée Eucharistique,* dont un petit livret qui se vend à l'entrée explique les richesses. On parcourra successivement le Vestibule, la Salle des Docteurs, la Galerie des Miracles, la Salle du Sacré-Cœur, la Galerie des Hommages, la Bibliothèque Eucharistique, la Salle des Pactes.

VIII. Les autres lieux ou monuments de la ville sont : la Basilique du Sacré-Cœur, la Résidence des Chapelains avec le clos où se fait le Chemin de la Croix, la Chapelle de l'avenue de Charolle, le Monastère des Clarisses, l'Hôtel-Dieu avec sa Chapelle des Reliques, la Maison des Dames de la Retraite, l'Hôtel de Ville, N.-D. de Romay, à un kilomètre, avenue de Charolle (1).

VIII. Mattaincourt.

Le B. P. Fourier, curé de Mattaincourt, fondateur de la Congrégation de Notre-Dame et réformateur de l'Ordre des Chanoines Réguliers de saint Augustin, fut l'apôtre, la lumière et la providence de la Lorraine après les ravages causés par la Réforme protestante. Mort en 1652, il fut béatifié en 1730. Le Saint-Siège instruit en ce moment la cause de sa canonisation.

Sur son tombeau qui est resté miraculeux, a été élevée une église splendide. Ses reliques y sont l'objet d'un pèlerinage très fréquenté.

(1) Voir *Le Guide illustré* de Paray-le-Monial, par l'abbé Gabriel CHATELET, chapelain de la Basilique. Prix : 50 cent.

TABLE DES MATIÈRES

TROISIÈME PARTIE

CANTIQUES ET HYMNES

QUATRIÈME PARTIE

NOTICES

St-Dié, Typ. L. Humbert.

Texte détérioré — reliure défectueuse

NF Z 43-120-11

A B

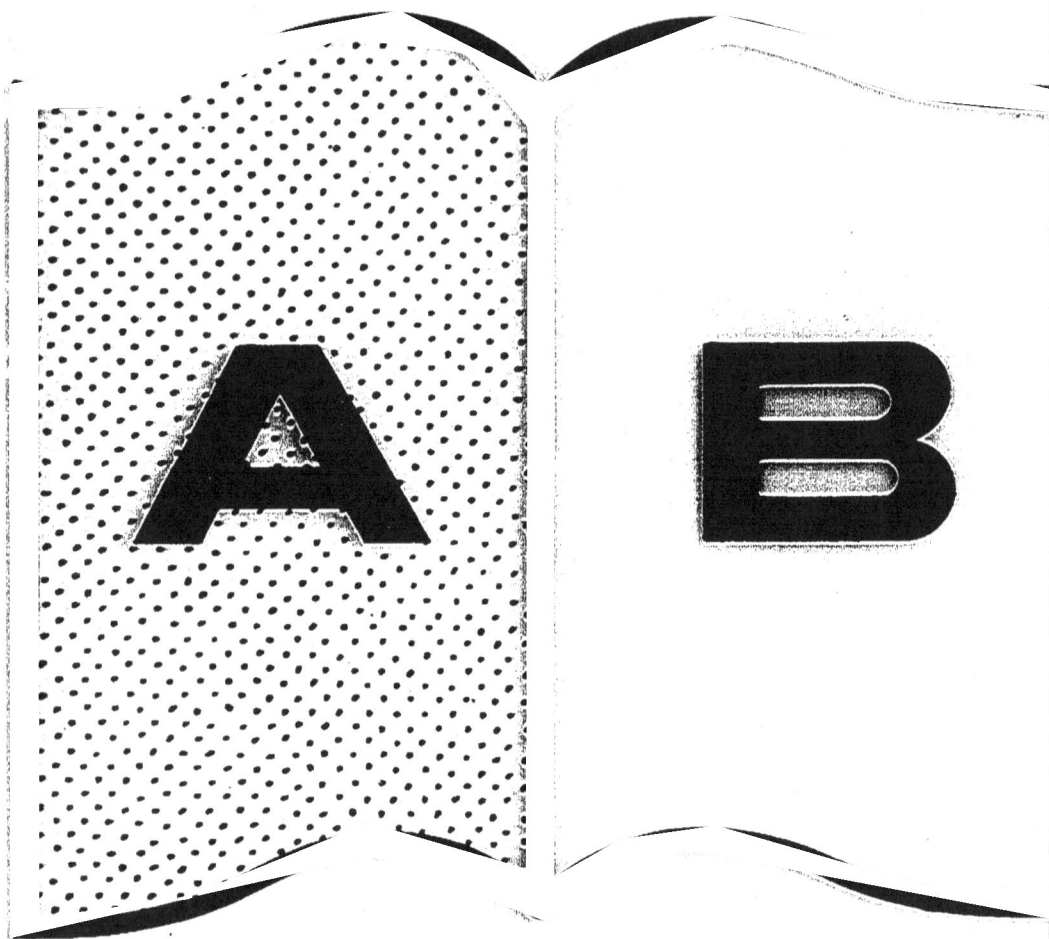

Contraste insuffisant

NF Z 43-120-14

www.ingramcontent.com/pod-product-compliance
Lightning Source LLC
Chambersburg PA
CBHW070612100426
42744CB00006B/457